CUIDADO, AFETO E LIMITES:
UMA COMBINAÇÃO POSSÍVEL

PAPIRUS ◆ DEBATES

A coleção Papirus Debates foi criada em 2003 com o objetivo de trazer a você, leitor, os temas que pautam as discussões de nosso tempo, tanto na esfera individual como na coletiva. Por meio de diálogos propostos, registrados e depois convertidos em texto por nossa equipe, os livros desta coleção apresentam o ponto de vista e as reflexões dos principais pensadores da atualidade no Brasil, em leitura agradável e provocadora.

IVAN CAPELATTO
JOSÉ MARTINS FILHO

CUIDADO, AFETO E LIMITES:
UMA COMBINAÇÃO POSSÍVEL

Capa	Fernando Cornacchia
Foto de capa	Rennato Testa
Coordenação	Ana Carolina Freitas e Beatriz Marchesini
Transcrição	Nestor Tsu
Edição	Aurea Guedes de Tullio Vasconcelos
Diagramação	DPG Editora
Revisão	Ana Carolina Freitas, Elisângela S. Freitas e Isabel Petronilha Costa

Dados Internacionais de Catalogação na Publicação (CIP)
(Câmara Brasileira do Livro, SP, Brasil)

Capelatto, Ivan
 Cuidado, afeto e limites: Uma combinação possível/Ivan Capelatto; José Martins Filho. – 4ª ed. – Campinas, SP: Papirus 7 Mares, 2012. – (Coleção Papirus Debates)

ISBN 978-85-61773-09-0

1. Crianças – Criação 2. Crianças – Relações familiares 3. Educação afetiva 4. Pais e filhos 5. Papel dos pais I. Martins Filho, José. II. Título. III. Série.

12-08325 CDD-649.1

Índice para catálogo sistemático:
1. Pais e filhos: Educação familiar 649.1

4ª Edição – 2012
13ª Reimpressão – 2023
Livro impresso sob demanda – 250 exemplares

Exceto no caso de citações, a grafia deste livro está atualizada segundo o Acordo Ortográfico da Língua Portuguesa adotado no Brasil a partir de 2009.

Proibida a reprodução total ou parcial da obra de acordo com a lei 9.610/98.
Editora afiliada à Associação Brasileira dos Direitos Reprográficos (ABDR).

DIREITOS RESERVADOS PARA A LÍNGUA PORTUGUESA:
© M.R. Cornacchia Editora Ltda. – Papirus 7 Mares
R. Barata Ribeiro, 79, sala 316 – CEP 13023-030 – Vila Itapura
Fone: (19) 3790-1300 – Campinas – São Paulo – Brasil
E-mail: editora@papirus.com.br – www.papirus.com.br

SUMÁRIO

A sociedade e o hedonismo 7

A figura da babá 15

O vínculo e a autonomia 23

Criança normal dá trabalho 29

Como lidar com os limites 35

A geração que estamos criando 43

Pais: Amigos dos filhos? 53

Sexo, drogas e diálogo 61

O dever de cuidar é dos pais 69

A família na origem do problema 81

As falhas do sistema de saúde 87

A adolescência prolongada 99

Quando a pessoa adoece 109

Quando a sociedade adoece 115

A adoção 123

A mente no comando do corpo 133

A responsabilidade da educação 139

Quem precisa de ajuda: Os pais ou os filhos? 147

Glossário 153

N.B. Na edição do texto foram incluídas notas explicativas no rodapé das páginas. Além disso, as palavras em **negrito** integram um **glossário** ao final do livro, com dados complementares sobre pessoas e termos citados.

A sociedade e o hedonismo

Ivan Roberto Capelatto – Fiquei muito contente com a oportunidade de ter esta conversa sobre a relação entre pais e filhos, sobre educação e cuidados. É praticamente o que respiramos como pessoas e como profissionais, não é, Martins?

José Martins Filho – Sim, é matéria de vida para nós. O risco é não conseguirmos colocar um ponto final neste bate-papo, já que o assunto é interminável. Além disso, aquilo que constituía exceção, há algumas décadas, parece que vem se tornando regra – o que não deixa de assustar. Por exemplo, houve uma época em que ter uma família numerosa, saudável e feliz conferia grande *status*. Hoje parece que não é mais assim, o *status* depende muito mais da vida profissional. Aliás, a vinda de um filho muitas vezes não é vista com os mesmos olhos.

Capelatto – Sem dúvida, a vinda de um filho já não é encarada como era algum tempo atrás, porque provoca diversas mudanças na vida do casal.

O que é ser pai e ser mãe, hoje? Infelizmente, não sabemos mais ao certo, a cultura já não nos dá essa referência. Não crescemos mais aprendendo o que caracteriza essas funções sociais – estamos fora, longe. Também já não temos clara a noção de *cuidado*: de quem é a responsabilidade pelos cuidados com os pequenos? Do pai? Da mãe? Da professora? Perdeu-se o conceito do cuidador atrelado aos papéis de pai e mãe. Às vezes, a babá tem mais a noção do que seja cuidado do que o pai e a mãe, e, por isso, acaba ocupando o papel materno.

Martins Filho – Porque ninguém mais ouve o pai, a mãe, o avô, a avó, a tia... Esses valores familiares estão se diluindo, as famílias se tornaram muito celulares. Dessa forma, quem acaba assumindo a discussão sobre o problema das relações familiares, quem cria um vínculo para que o assunto possa ser levantado e discutido é, principalmente, o profissional que vai atender a criança. Daí a importância do que estamos discutindo aqui. A visão sobre o conjunto de variáveis que interessam ao desenvolvimento infantil é tão complexa e importante que assusta as pessoas, pois elas começam a perceber qual é a responsabilidade de ter um filho atualmente e qual o seu grau de participação nisso. E se nossa sociedade atingiu um grau de violência insuportável é porque, na minha opinião, nos últimos 50 anos não assumimos a parte que nos cabe. Adotamos o método **Summerhill**, a filosofia que prega a liberdade antes de qualquer coisa, o poder fazer o que quiser, a noção de que o importante é ser feliz... e a sociedade foi se constituindo e formando gente com esse tipo de necessidade. Assim, estamos chegando a um ponto em que as pessoas fazem de tudo para conquistar o prazer: avançam o sinal, querem tomar o que acham que lhes faz falta e não aceitam limites. Aliás, não se colocam limites para atingir o prazer.

É uma teoria um pouco complexa, mas resumidamente poderíamos dizer que a permissividade, a falta de limites e de responsabilização, somadas à terceirização dos cuidados, afetam o desenvolvimento não apenas do indivíduo, mas da própria sociedade. Em outras palavras, vamos criando uma sociedade cada vez mais permissiva e violenta, na qual as pessoas tomam suas decisões sem levar em consideração as responsabilidades sociais. E mais, ouso apontar outro agravante nesse quadro: na maior parte das vezes, as pessoas, por falta de possibilidade de um tratamento eficaz e real, com base científica, acabam "escapando" para tratamentos e crendices sem fundamentação, como seitas e terapias de eficácia duvidosa. Buscam, enfim, soluções mágicas para os seus sentimentos.

Capelatto – O que predomina é a ideia do prazer, da erotização – isso é oferecido, exposto, proposto de forma sedutora. Há muitas drogas que trazem prazer, mas também fazem com que a pessoa fique erotizada, libidinosa, taquicárdica, dopamínica; ela se torna um ser extraterreno por algum tempo.

A ideia do prazer é vendida de pessoa para pessoa, vai sendo transmitida de propaganda em propaganda – o corpo ideal, a estética a ser alcançada etc. Trata-se de uma ideia que vai se instalando aos poucos. Felizmente, há certa resistência: algumas mães querem amamentar, ficar perto dos filhos; há aquelas que deixam o trabalho para ficar com eles, pais que se preocupam e procuram ajuda. Mas o que está ganhando força é a ideia do prazer, o hedonismo. Embora essa busca não tenha se instalado como norma, informalmente está sempre presente: é a metáfora da descrença.

Martins Filho – Ivan, você acha que é uma coisa generalizada, palpável e clara? Ou é uma exceção? Quer dizer, existe isso, mas não significa que a sociedade inteira esteja assim.

Capelatto – Não, certamente não é algo tão generalizado. Há focos de resistência, mas no limite, entende? Quer dizer, o movimento pela propagação do prazer a qualquer custo é muito grande: os bares não fecham mais, as baladas são diárias, não há limites claros para o uso e o abuso de álcool e drogas. Por exemplo, nas festas de adolescentes são oferecidas bebidas alcoólicas, com permissão dos adultos. Os poucos que refletem e procuram ser mais cuidadosos são chamados de retrógrados, são segregados.

Martins Filho – Poderíamos nos perguntar se isso não acontece com mais frequência na classe média. Depende muito da análise que fizermos. Acho que é importante observar a classe média universitária, as classes B e C... Na classe mais privilegiada, o hedonismo já estava presente há algum tempo, mas era tudo muito mascarado, embora as relações familiares fossem um tanto "soltas". Atualmente, também identificamos a busca do prazer na garotada que enfrenta um pouco mais de dificuldade, que trabalha e se sustenta. Acho que impera um hedonismo acentuado. E o que talvez tenha se perdido é aquilo que tínhamos na nossa juventude: a luta ideológica, a luta pela mudança do mundo.

Capelatto – A crença na ideia do bem, em valores que nos faziam ver na amizade uma forma de amor. Hoje essa ideia foi substituída pelo interesse, e as pessoas, de qualquer idade, substituíram o amor da amizade pelo interesse no poder do outro de lhes oferecer prazer.

Martins Filho – Isso mesmo. A crença de que era possível propiciar a felicidade para todos, de que era possível fazer uma revolução social que corrigiria as injustiças sociais. Não vemos isso na juventude atual, salvo algumas exceções, alguns grupos bem restritos. Contudo, acho que isso acontece não apenas em razão do hedonismo, da busca do prazer, mas também do que se está vendo na sociedade moderna. Penso que um dos fatores para esse cenário é a falta de sinceridade. Se há falta de sinceridade de um lado, há falta de credibilidade do outro.

Capelatto – É que as causas sociais "sumiram" e vivemos no tempo do "cada um por si", mesmo porque o prazer imediato é a única coisa que temos. Assim, como acreditar em algo que envolva todo o mundo se ninguém realmente se importa? Então, o que o hedonismo cria?

Martins Filho – A rapidez do sentimento, seja o positivo, seja o negativo. E não há muito tempo para sentir, para perceber o que se sente, tudo acontece muito rápido.

Capelatto – E, por causa da rapidez, a pessoa acaba ficando indiferente, é um *fast* generalizado: *fast feeling* [sentimento efêmero, rápido], *fast food* [refeição rápida], *fast sex* [sexo rápido] – é um *fast* tudo.

Martins Filho – Portanto, não vale a pena sofrer, "vamos acabar rapidamente com isso", pensam as pessoas. Da mesma maneira que ocorre com o prazer, com a alegria no cuidar e no viver, o ato de se dedicar começa a ser mais superficial e rápido. Hoje eu tenho uma esposa, amanhã tenho outra; hoje um marido, amanhã, outro; hoje tenho um filho...

Capelatto – Aí tenho outra esposa, e os filhos do primeiro casamento ficam lá, no primeiro casamento. E vou ter os filhos do segundo casamento...

Martins Filho – Vou lhe descrever uma cena que traduz isso: um casal se senta à minha frente, no consultório, com três crianças. Eu lhes digo: "Três filhos, que maravilha". "Pois é, doutor, este é meu, esse é dele e aquele é nosso." Entende? É exatamente como você disse, Ivan.

A figura da babá

Capelatto – Quando as famílias vão ao seu consultório, Martins, como é? Quem costuma ir? Suponho que, muitas vezes, vá só a mãe com a criança.

Martins Filho – E às vezes vai apenas a babá, o que é pior. É a terceirização total dos cuidados, quando a mãe não tem tempo nem de assumir o filho. Já tive casos em que a mãe me telefona do trabalho, diz que a criança não está bem e avisa que a babá vai levá-la ao consultório. Eventualmente, quem as leva é o motorista, quando a família é de classe alta. Chegam lá a criança e a babá, que faz as vezes da mãe.

Capelatto – A quem você passa as recomendações se a criança está doente? Você fala com a mãe?

Martins Filho – Às vezes fico bravo. A babá então liga no celular da mãe e eu converso com ela pelo telefone. Não é frequente, mas acontece. Como essa circunstância me desagrada e meus clientes tradicionais sabem disso, eles evitam a situação; geralmente a mãe acompanha a criança. E algumas mães, já notei, como sabem que critico esse comportamento – o que reforço bastante no meu livro *A criança terceirizada: Os descaminhos das relações familiares* *no mundo contemporâneo* (Papirus, 2007) –, até escondem que têm babás. Elas vêm sozinhas, mas percebo que algumas de minhas perguntas ficam no ar, não são respondidas de maneira clara. Num dado momento da conversa, eis que surge a figura de um cuidador que não está presente. Às vezes, quando mãe, criança e babá chegam à clínica, acontece uma coisa assustadora. Pergunto para a mãe em que momento começou a febre de seu filho e ela repassa a questão para a babá, pois não sabe responder. "O que ele come?" Novamente ela se volta para a babá (ou para a avó): "O que ele come?". Ou: "Espere um pouquinho... Que remédio ele está tomando mesmo? Sabe o que é, ele foi ao pediatra ontem, no pronto-socorro em São Paulo, e hoje vim aqui para você dar uma olhada...". Quando pergunto qual foi o remédio que o médico prescreveu, ela diz: "Só um momento, doutor" – pega o celular e liga: "Vá até a mesa da cabeceira e pegue aquele remédio".

Isso passou a ser muito comum. As coisas não eram assim, essas mudanças de comportamento foram se estabelecendo paulatinamente ao longo dos últimos 40 anos. Isso foi se tornando usual aos poucos, não se via esse comportamento algumas décadas atrás.

Não estou aqui pregando que a mulher volte a ficar em casa. Não é isso. As pessoas têm que viver, mas o que está acontecendo é que elas, na ânsia de querer viver, estão "desassumindo" as suas funções porque isso dá trabalho e então, afinal de contas, acham que "a pessoa" (a criança) que está ali tem que se virar.

Capelatto – É, tem que ter "autonomia".

Martins Filho – Isso, autonomia. Mas é totalmente absurdo que, sob pretexto de permitir que uma criança adquira autonomia, alguém a delegue, logo após o nascimento, a outra pessoa. Ou que uma criança de dois anos e meio não tenha mãe: ela cai, machuca-se e, em vez de falar "mãe", chama pela babá. E a mãe fica com sentimento de culpa porque, de repente, se sente rejeitada pela criança: "Ah, doutor, ela não gosta de mim. Eu chego em casa, ela sai correndo e abraça a babá...". "Olhe", digo-lhe, "infelizmente, é porque essa criança está fazendo vínculo com outra pessoa". O que eu vejo nessas babás que assumem a maternidade de outras pessoas? Elas têm uma visão maternal e assumem o prazer de cuidar.

Capelatto – Elas se vinculam. E aí surge novamente o problema: como vamos ser mães e pais se não fomos capacitados a exercer esses papéis, já que essa concepção está caindo em desuso? O que é ser pai e ser mãe? Volta então a figura da babá que, tantas vezes, exerce melhor o papel de cuidadora do que a própria mãe.

Martins Filho – Por isso a boa babá não é a que troca fralda na hora certa, faz a comidinha bonitinha, direitinho. Mas é a que ama a criança, a que lhe dá afeto. É a que gosta da criança; esta, por sua vez, demonstra que gosta da babá. Há um vínculo entre as duas. Essa é a boa babá. Porque se ela não for assim e se não existir a figura da mãe também, a criança não cria vínculo com ninguém e aí psicotiza, fica doente. Como o bebê precisa ter vínculo, ele se apaixona pela babá; ela, então, sai da figuração e começa a ser... a mãe dele. Vale lembrar aqui aquela cena do Brasil colonial, da mãe preta que amamentava seus filhos e os nascidos na Casa Grande – esse racismo velado que é objeto de uma longa discussão.

E um questionamento que me veio à mente enquanto você falava, Ivan, também com relação ao vínculo materno, é sobre o cuidador: quem é ele na sociedade? É curioso isso. A pessoa que cuida das pessoas desvalidas, dos velhinhos, das crianças doentes é quase sempre uma mulher – em 99% dos casos é uma mulher. Como se o fato de ser cuidador fosse algo inerente à personalidade feminina. Pode-se até discutir se é ou não, mas isso também tem a ver com a figuração da função materna e até que ponto, na sociedade moderna, essa figura do cuidado – que é o que você, Ivan, estava falando – está desaparecendo, ou até que ponto estamos inventando uma outra sociedade.

Nesta sociedade que estamos vendo, não imaginamos mais o velhinho sendo cuidado em casa por uma das filhas, ou pela irmã mais nova, por exemplo. Em algumas culturas orientais continua a valer a tradição: o filho do sexo masculino é muito valorizado, porque é ele que vai cuidar dos pais.

Digo isso porque parece que a sociedade pressupõe que, quando a mãe não cuida, uma mulher substituta deve assumir o seu lugar. Embora às vezes o pai apareça nesse contexto, ele é incompleto, na minha opinião, para exercer essa função, por uma série de fatores biológicos, psíquicos e filosóficos. Veja, a criança intraútero ouve uma voz feminina, principalmente a da mãe. Se pegarmos um bebezinho que acabou de nascer e o colocarmos entre várias mulheres e apenas um homem, todos conversando, ele vai olhar mais para uma das mulheres, porque ele vai ouvir a voz feminina. Se o colocarmos entre duas mulheres, sendo uma a mãe, o bebê vai olhar mais para ela, porque tem fixação pela voz que ouvia intraútero. Se colocarmos dois homens falando, a criança começará a se confundir, porque ela não ouvia esse tom de voz, portanto não o reconhece. Então, parece que biologicamente o recém-nascido e o lactente jovem têm um desenvolvimento neurológico auditivo para distinguir vozes mais agudas. Ele tem maior percepção e aceita melhor isso. Essa situação vai mudando aos poucos com o crescimento da criança. Até que ponto isso tem a ver com o fato de a cuidadora ser mulher – mãe, babá, enfermeira – é algo para ser pensado e analisado. A profissão de enfermagem, por exemplo, só recentemente começou a ser mais exercida por homens; antigamente a quantidade de mulheres era muito maior nessa profissão.

Capelatto – Você falou da mãe ausente, da babá... E o pai, como fica nesse panorama da família? Ele comparece ao consultório?

Martins Filho – Muitas vezes o pai é mais ausente ainda, mas isso é até comum num consultório de pediatria. E digo mais: frequentemente, ele ou a mãe fazem uma crítica ao pediatra que assume a discussão dos assuntos mais delicados da criança (relacionados ao cuidador, aos problemas gerais observados), que surge da seguinte forma: "Mas o senhor é médico ou psicólogo? Não vim aqui para saber como tenho que cuidar do meu filho. Preciso que o senhor resolva o problema da febre, da diarreia, da pneumonia, da infecção etc. Não quero que o senhor fique falando da mãe, do pai, da família. Isso não é problema seu". Isso ocorre com o pediatra que tem a formação integral do puericultor, que trabalha nesse conjunto e, claro, sabe encaminhar a criança no momento adequado para o profissional que vai proporcionar cuidado específico.

Até brinco a esse respeito, porque minha mulher é psicóloga e trabalha com crianças também. Tenho muitos pacientes de quatro ou cinco anos de idade que começam a apresentar problemas típicos de relacionamento familiar. Às vezes, recomendo que esse paciente vá consultá-la. Pois ele, que vinha ao meu consultório com frequência, nunca mais aparece. Isso porque a família percebe que o problema da criança era familiar, de fundo emocional, e estava envolvendo o físico. Essas são as crianças mais carentes, que necessitam de maior atenção, que "fazem" febre de repetição e, às vezes, quando começam a ser analisadas no conjunto do que está acontecendo, incluindo a questão familiar, aparece a queixa frequente que então o pai e/ou a mãe têm coragem de verbalizar – e é bem isso que você está falando, Ivan: "Não aguento, não tenho paciência, não nasci para esse negócio".

Certa vez, em entrevista a uma revista de relativa circulação, entreguei as respostas por escrito, e a entrevistadora ficou irritada porque comecei a fazer colocações desse tipo. Evidentemente, ela estava se sentindo incomodada com isso, até revoltada. Num determinado momento, ela me enviou um *e-mail*: "Não vou publicar isso, é uma visão muito conservadora. Que história é essa? Tá na cara que as crianças precisam ser independentes, não ter ninguém cuidando para serem felizes...". Em suma, ela estava assumindo que o correto era esse desligamento precoce, total e amplo. É claro, Ivan, e você pode confirmar isso, que vai chegar o momento em que o vínculo tem que ir se afrouxando para que o jovem comece a se liberar e tome para si a responsabilidade da própria vida, tornando-se independente do cuidador ou responsável por ele. Mas existe uma idade certa para isso.

O vínculo e a autonomia

Capelatto – E aí contamos com um dado que é a grande descoberta das psicologias, da psicanálise: desde o choro até a fase adulta, os pedidos são formas de criar vínculo, de querer o outro. Existe uma regra máxima em psicologia que é esta: nós queremos ser desejados pelo outro – e esse é um desejo hedonista sadio. O bebê quer a mãe por necessidade e também para se sentir cuidado. A criança vive solicitando a mãe por meio de um apelo às vezes verbal, às vezes corpóreo: ela se machuca, "faz" febre sem causa aparente... Quando adolescentes ou quando adultos, não importa a idade, sempre estamos fazendo pedidos. Então, quanto mais saudável é a criança, mais pedidos ela faz dentro de casa. E aí é assim: "Mãe, mãe, mãe"; ou: "Pai, pai, pai"; ou: "Fulana, fulana, fulana" – que é a babá; ou: "Vó, vó, vó"; enfim, ela chama a pessoa que é sua referência afetiva. Quanto menos saudável é a criança – e então é quando ela já entra na patologia –, menor é o número de pedidos que verbaliza, coisa que confunde a cabeça dos pais, pois, em sua opinião, trata-se de uma criança quietinha e boazinha: "Olhe, doutor, ela não dá trabalho".

Martins Filho – Isso é fundamental. A pior coisa para um pediatra é ouvir da família: "Meu filho é um santo. Não chama, não pede, não dá trabalho".

Capelatto – Não chora à noite...

Martins Filho – Nesse caso, na visão biologicista, a primeira suspeita recai sobre a possibilidade de um problema hormonal, principalmente um hipotireoidismo, que é típico dessas crianças. Mas frequentemente não se trata disso, a dificuldade está na esfera psicológica.

Capelatto – Pode ser uma depressão ou uma psicose primária se instalando. O que é uma criança saudável? É uma criança que solicita muito, que enche a mãe de pedidos. A mãe, então, começa a se irritar porque não tem sossego. Ela não tem nem o saber, nem a intuição de que esses pedidos, que realmente a irritam, são formas fundamentais de construção da identidade do filho.

Martins Filho – Ela não esperava por isso. Achava que criança era algo que você ligava e desligava.

Capelatto – *Turn on, turn off*. Quando a mãe vai ao consultório, chega pensando que tal comportamento é ruim. No momento em que ouve que aquilo é, na verdade, sinal de saúde, entra em desespero, porque é ela que tem que atender a esses pedidos. Por vezes a mãe trabalha e tem de enfrentar situações constrangedoras – o telefone toca no meio de uma reunião e a criança dispara a falar. Que transtorno! A mãe está trabalhando e considera isso uma invasão em sua privacidade. Mas não é, afinal ela é a mãe. O papel que ela exerce como médica ou como advogada não interessa ao filho. Ele não tem isso na cabeça, ele quer a mãe, só quer ouvir a sua voz: "Tá bom, filho". Às vezes liga só para contar: "Mãe, eu já tomei o leite". E ela pensa: "Que loucura, ele me liga para isso!". Essa irritabilidade da mãe, sentindo-se invadida por um filho saudável, pode fazer com que ela iniba essa atitude sadia e o transforme num filho doente. E como ela pode fazer isso? Atendendo com condescendência ou indiferença: "Ah, tá bom. Estou ocupada agora". Essa indiferença faz com que os pedidos diminuam ou passem a ser feitos a outra pessoa. Se for uma pessoa saudável, tudo bem. Caso contrário...

Martins Filho – Nessa mesma linha, Ivan, coloco minha experiência com aleitamento materno. Lutei muito por isso e, no começo, recebia algumas pancadas de volta, *feedbacks* muito negativos. Considerando sua colocação, quem é o bebê que suga sem parar desde os primeiros momentos, sem horário fixo, mamando a cada três, quatro, às vezes duas horas, a noite inteira, cuja mãe tem que estar ali disposta para isso, tem que, praticamente, continuar a gravidez externa em que o cordão umbilical não é mais físico, mas mental? Esse é o nenê saudável. "Puxa vida, mas eu não aguento isso!"

Tive uma cliente de excelente formação intelectual, mãe de uma criança de um mês, a quem recomendei: "Você deve amamentar seu filho no mínimo até os seis meses". Ela protestou: "Mas como? Tenho que fazer isso, aquilo, tenho muito que fazer". Em tais momentos, nota-se como o discurso do ponto de vista biológico, médico, de proteção à criança, relativo ao vínculo entre mãe e filho e à proteção imunológica fundamental, entra em conflito com a cultura atual.

Em 2008 participei de um debate sobre direitos humanos em São Paulo, em que todos estavam interessados na discussão sobre os direitos humanos na escola, incluindo aspectos como a progressão continuada; a obrigatoriedade ou não da avaliação escolar; a primazia do aprendizado sobre a importância de "passar de ano" – enfim, a discussão atual sobre o direito de todos a uma boa educação. Ali fiz um aparte sobre outro direito, preliminar e fundamental, que é o direito a ter vínculo, a ficar com a mãe, à amamentação. Uma senhora, a quem respeito muito, disse: "Concordo, só que você se esqueceu de um aspecto muito importante: não existe mais o instinto materno". Repliquei: "Mas o que é o instinto materno? Seria o mito da figura da mãe, o mito do amor materno? Mas o que é isso?". "Não, a mulher não nasce mais com instinto materno. Isso é uma visão machista da sociedade". Insisti ainda: "Mas será que isso não é contraposição de uma visão altamente feminista da sociedade? De que valem a perspectiva machista e a feminista quando há uma criança no meio? A não ser que se imagine uma sociedade de machos e fêmeas que não vão se cruzar mais e não terão filhos".

Capelatto – Você conhece a obra *Um amor conquistado: O mito do amor materno*, de Elisabeth Badinter?[1] Vale a pena ler.

Martins Filho – Realmente, é um trabalho muito interessante. E aí – só para completar – percebo que, durante os 40 anos em que trabalhei a favor do aleitamento materno, incluindo os dez anos que culminaram com a tese de mestrado e de doutorado ainda sobre esse tema, sempre valorizei os aspectos biológicos e psíquicos do ponto de vista da criança, mas tive, provavelmente, falta de um aporte melhor na área sociológica, arena dessa mudança.

Não é mais a questão de trabalhar ou não fora de casa e da realização pessoal da mulher, que isso ninguém discute. É a questão de definir o ponto aonde se quer chegar, isto é, o que se deseja da vida. Será que as pessoas vão querer continuar tendo filhos? Será que não vamos chegar, no futuro, a uma sociedade em que a proposta será de que o homem dê seu esperma, a mulher o leve para casa e o coloque numa caixinha; a seguir ela também cede seu óvulo, guardando-o junto na caixinha. No outro mês, os dois visitam esse óvulo fecundado que está crescendo; depois o colocam em um lugar

---

1. Rio de Janeiro: Nova Fronteira, 1985. A autora mostra, com convicção, que o instinto materno é um mito, "não havendo uma conduta materna universal e necessária". O papel materno varia conforme a cultura, o perfil psicológico, a história de vida e a saúde mental da mulher-mãe em questão. Ser mãe não é da natureza feminina, é uma condição do psiquismo, da sociedade e da cultura.

e, uma vez por mês, vão até lá olhar o filho. Parece que a sociedade quer chegar a isso. Claro que isso é uma caricatura, não sei exatamente o que é possível, o que é hedonismo. Tampouco quero fazer uma crítica de valores, mas percebo – e nisso concordo com o que você dizia, Ivan – que esse tipo de conflito é cada vez mais frequente. Cada vez mais as pessoas estão preocupadas com o "e eu?".

Criança normal dá trabalho

Capelatto – O que eu escuto é isto: "Eu não sabia que era assim. Ninguém me avisou que criança normal dá trabalho. Eu pensava que criança normal nascia e, como uma árvore, crescia, naturalmente. Afinal, criança normal dá mais trabalho do que a criança anormal?". Dá. A criança normal é pedinte, é grudenta, é chata, porque ela precisa constantemente ser referendada pelos pais. A criança doente fica com a doença, fica sozinha brincando no canto. Aí precisamos ir lá e dizer-lhe: "Venha comer!".

Martins Filho – Tive um caso exatamente como esse que você acaba de apontar. Trata-se de uma pessoa cujo filho era hiperativo, um garoto que dava muito trabalho. A mãe me disse: "Eu preferia que ele fosse retardado mental, que ficasse na cama, paralisado, e eu cuidaria dele e lhe daria comida. Porque assim, ficando lá, eu ou outra pessoa iria até ele e faria o que fosse necessário. Agora, eu não aguento: ele não para, briga com todo mundo, dá trabalho na escola. Ele precisa de mim 24 horas por dia". Eu vivi essa experiência! É terrível, mas é algo que as pessoas sentem. E, se elas não verbalizam seus sentimentos, é pior. Elas sentem isso, mas não têm coragem de dizer: "Não aguento mais".

Por exemplo, só para terminar esse raciocínio, a sociedade critica muito – e já presenciei isso – quando um casal se separa e a mãe, assumindo a sua liberdade, resolve deixar os filhos com o pai. É uma visão meio machista essa... E, às vezes, os filhos até preferem ficar com o pai, porque ele é muito mais amoroso e afetivo do que a mãe. Nesse caso, acho maravilhoso, acho que está tudo bem. Mas a sociedade faz uma crítica velada a isso, o que comprova que é a mulher que é prejudicada, é ela que tem que "segurar a barra", porque ela é considerada a culpada de ter engravidado. Como se a gravidez fosse responsabilidade só dela, que ela vai carregar intraútero, e vai amamentar e segurar... Biologicamente, é fato que esse vínculo com a mãe realmente é muito forte no primeiro ano de vida. Mas isso mostra o descompasso entre o acreditar, o sentir e o fazer. As pessoas acreditam culturalmente que é muito bonito ser mãe, ser pai, que é necessário ser amoroso, ter paciência, cuidar, mas percebem que isso é uma missão dura e, muitas vezes, não têm coragem de assumir esse sentimento. E, se assumem e percebem essa dificuldade, sentem culpa: "Olhe, estou me sentindo muito culpada". Não são poucos os casos que exemplificam essa afirmação. Há casos extremos que revelam total esvaziamento do vínculo afetivo mãe-filho por parte da mãe ou uma rejeição tão acentuada que ela entra em depressão profunda e acaba se suicidando; em outros, ela se recusa terminantemente a cuidar do bebê, rejeitando-o;

ou chega a esquecer o nenê no carro, em casa – e sai para fazer compras ou dar um passeio. Você deve ter tido casos parecidos, em que a mãe chega e, quando lhe perguntamos se ela está amamentando, responde: "Tô amamentando. Posso falar uma coisa para você, Martins? Ontem tive vontade de jogar ele na parede. Ontem eu queria bater a cabeça dele na parede até matar". São casos extremos, mais raros, mas existem. Infelizmente é muito desagradável saber disso, mas casos assim ocorrem, e com isso queremos mostrar que às vezes a situação emocional da mãe é bem complexa e ela precisa de muita ajuda. Já tive um caso, certa vez, há muito tempo, de uma mãe que se suicidou nos primeiros meses de vida do bebê. Foi dramático e muito sofrido para todos – para a família, evidentemente, e para mim, claro.

Capelatto – Também costumo escutar desabafos como este: "Ontem peguei meu carro e fui para o *shopping*, senão ia fazer uma loucura. Como meu marido estava jogando bola, larguei o nenê sozinho em casa". E aí vem o inconsciente, esse nosso belo jogo interno, pois, quando ela voltou, esperava que ele tivesse se machucado, porque então ela ia poder cuidar dele.

Martins Filho – Ela fez essa fantasia?

Capelatto – Sim, ela criou a fantasia de que poderia cuidar do filho de outra forma – e aí entra a **síndrome de Münchhausen**, ou seja: "Eu só posso cuidar se ele tiver algo fisicamente". É por isso que muitos pais machucam os filhos, para poderem cuidar do visível. Quando o filho adoece ou se machuca, sentem que estão cuidando de uma criança frágil, que está com o braço quebrado ou com pneumonia, por exemplo. Nossa, é um desvelo! O outro a ser cuidado precisa estar "aparentemente" frágil. Uma criança ou um adolescente que grita, chora, resmunga é visto como alguém que não está querendo cuidados, mas sim querendo se apoderar dos pais ou de outros cuidadores.

Martins Filho – Há todo um carinho com a criança doente...

Capelatto – Porque existe a expectativa da morte. Então, eu posso cuidar, porque isso vai acabar. É terrível!

Martins Filho – Acho que vale a pena fazermos uma ressalva aqui: estamos nos referindo à síndrome de Münchhausen. São crianças que, quando vêm para as consultas, apresentam-se repetidamente com lesões, escoriações, doenças. Hoje, felizmente, os pediatras estão treinados para reconhecer esses sinais.

Capelatto – São vários os tipos de ferimentos que essas crianças apresentam: tímpano perfurado, muitas vezes, um braço quebrado – sequelas por terem sido chacoalhadas com um pouco mais de violência, por exemplo.

Martins Filho – Sequelas às vezes reais, às vezes imaginárias, mas sempre causadas pela família. Essa doença foi descoberta porque há mais ou menos 40 ou 50 anos registraram-se alguns casos de crianças que morriam de forma estranha. Nos Estados Unidos, houve até um caso famoso de uma mulher que perdeu vários filhos seguidamente, todos mais ou menos com um ano e pouco de idade – ela os havia matado. Só que ela sempre achava um jeito de fazer com que a morte parecesse um acidente: "Ah, caiu do terceiro andar, estava brincando". Até que perceberam que ela era uma psicótica grave. Essa síndrome tem várias gradações, incluindo desde machucados até mortes, assassinatos.

Capelatto – Por exemplo, uma criança de seis meses que enfiou um grampo de cabelo no tímpano. Ora, uma criança dessa idade não tem motricidade suficiente para fazer isso. Foi a mãe que praticou o ato, só que ela disse que foi a criança. Inconscientemente, essa mãe também quer, ela mesma, ser atendida, cuidada, e o faz por intermédio da agressão física contra a criança.

Martins Filho – Essas famílias têm que ser encaminhadas para tratamento psicológico e psiquiátrico. Elas são difíceis de identificar, sobretudo as mães de classe mais baixa, porque sua situação social é muito complicada, é tanta miséria, tanta violência... E não raro a violência atinge um grau que não tem volta, levando a espancamento, às vezes fatal ou com lesões que comprometem para sempre a criança, ou a assassinato. E os próprios causadores dessas tragédias passam a não acreditar que fizeram aquilo, recusam-se a aceitar aquilo. Evidente que aqui apontamos para os casos mais graves que temos visto.

Como lidar com os limites

Martins Filho – Às vezes nos perguntam qual a noção que os pais de hoje perderam, se teria sido a noção de limite. Não sei se essa é uma noção que eles possam perder. Não sei se eles têm personalidade e competência emocional e intelectual para estabelecer limites, pois isso implica saber dizer *não*, o que acarreta a sensação de culpa. Às vezes, os pais têm medo de dizer não para os filhos porque, quando o fazem, quebram um paradigma atual da sociedade segundo o qual se supõe que seu filho seja feliz sempre, o mais feliz possível. Então eles não querem colocar limites. Quando o filho diz: "Pai, vou para a balada e volto às cinco da madrugada", o pai pensa: "Se eu disser não, ele não vai ser feliz".

Capelatto – "Ou vai me dar trabalho. Porque vai ficar pedindo, pedindo, pedindo; ele não vai aceitar um *não*. Vamos entrar em conflito, e assim não vou poder assistir ao jogo, ou vou assistir ao jogo com raiva." Nesse momento, esse pai faz uma "contabilidade", em que a economia de gritos e lógicas verbais parece ser melhor do que enfrentar o desespero de um adolescente que precisa ir até esse prazer.

Martins Filho – E a casa "pega fogo", vira uma briga contínua. Isso começou há muito tempo, quando, nenê ainda, o filho queria enfiar o dedo na tomada. Quando a criança faz birra e às vezes grita, na verdade, ela está querendo um limite. Às vezes a mãe me conta: "Mas ela grita, berra, se joga no chão na minha frente, sapateia, fica roxa".

Capelatto – É importante frisar a parte crucial da frase "na minha frente".

Martins Filho – "E o que eu posso fazer?" Eu lhe digo assim: "Pegue-a, fale firme com ela". Às vezes até recomendo: "Faça um ruído agudo, bata palma que ela desperta. É um sinal de alguma coisa que está interrompendo". Sabe aquela criança que perde o fôlego, e a mãe se desespera: "Ela vai morrer" – e quer soprar sobre ela? Não, ela não vai morrer não! Bata as mãos, faça barulho, isso funciona muito bem. A criança para, volta a si. Esse é o segredo. A mãe lamenta dengosa: "Nossa, mas não é duro? Coitadinha!". Quer dizer, precisa colocar o limite. E as crianças pedem limites.

Capelatto – Sempre a questão dos limites. Não há fonte, não há fórmula na sociedade que ensine aos pais o que é limite, a benignidade dele. Porque, como você falou, Martins, o limite ainda é visto como algo que vai lesar o prazer da criança e gerar culpa nos pais.

Afinal, o que é o limite? É um simples "não" ou um simples "sim". Por que a criança nasceu? A criança deve ter nascido porque alguém desejou isso. E, a partir desse desejo, ela tem que ser tratada com desejo. Então, o que os pais precisam aprender? Deveria haver alguém, uma política, uma cultura para ensinar – essa cultura que perdemos. Antes, o limite era cultural. O desejo sobre nós estava presente nas instituições, como a Igreja e a escola, na família do amigo, na rua, no mais velho. Nós nos sentíamos cuidados por todos. Se, por exemplo, íamos à casa do amigo, a mãe dele sabia o nosso nome. Hoje, a mãe não conhece mais os amigos do filho e não sabe quem está na casa dela. Desse modo, toda a sociedade atual está cheia de conhecimentos científicos e esvaziada de desejo, desse desejo fundamental que é o ato de cuidar, de oferecer limites ao prazer, talvez exagerado ou impróprio para a idade ou para o momento. Suportar as consequências desse limite oferecido é o preço que não se paga mais numa sociedade hedonista como a que temos hoje.

Martins Filho – E mais, existem casos que são altamente complexos. Há algum tempo, conversando com um conhecido, ele disse: "Eu e minha mulher resolvemos ter em nossa casa um quarto com uma cama de casal para que nosso filho possa levar as namoradas e dormir com elas lá, porque fica muito caro ir para um motel, além de ser perigoso. Mas fui firme e deixei claro: 'Não quero saber de confusão nem de exagero aqui'. E impus alguns limites para ele não sair da linha".

Nem conto que limites eram esses... Inacreditável! Você consegue entender esse pai? Que coisa incrível, o que ele está transmitindo em sua própria casa...

Capelatto – Também tenho o que contar nessa mesma direção. Uma amiga minha tem uma filha linda, acho que é a menina mais bonita que já vi na vida. E desde que essa menina começou a namorar, a mãe decorou um quarto especialmente para a filha, mandando pintar as paredes e a cama com uma cor sugestiva, tudo isso para que a garota pudesse levar os namorados lá.

Martins Filho – Complicado, não?

Capelatto – Pois essa jovem só se envolve com psicopatas! Não foram uma vez ou duas apenas; e isso provavelmente em razão da revolta que sente contra a mãe.

Martins Filho – Ela está pedindo limites.

Capelatto – Então, o que é o limite? É a continuidade deste desejo: eu quis você, eu lhe dou meu peito, minha casa, meu tempo, minha noite, meu sacrifício, minha vida. E, agora, não quero que você ponha o dedo na tomada. Assim, quando o filho tenta pôr o dedo na tomada, eu o tiro de lá; ele vai tornar a tentar, e voltarei a tirá-lo de lá; e vai insistir, e eu o tiro de lá. A presença do pai, da mãe, e o consequente cuidado, são condições fundamentais para a formação de uma dinâmica que não é da natureza, mas do desenvolvimento psíquico. A autoestima é um sentimento que se forma quando a criança, sentindo-se desejada e cuidada, passa ela mesma a desejar ficar bem e se cuidar – é como uma repetição do ato consequente ao limite.

Martins Filho – Aquele pai a quem me referi há pouco teve, na infância, pais que lhe impuseram limites de tal modo que com ele isso nunca iria acontecer. "Mas por que você deixou?", foi o que lhe perguntei enfaticamente. E ele revelou sua insegurança quando disse que na verdade não queria permitir aquilo, mas que ele e a esposa não sabiam como agir e pensaram que, se não deixassem que o filho levasse a garota para casa, ele iria procurar outro lugar. O pai cedeu e violou o próprio limite. Ele se violentou para agir assim.

Essa atitude está ficando bastante comum, vejo isso com muita frequência. Já faz mais de 40 anos que atendo as famílias, e muitas delas me procuram, bem como os adolescentes. Recebo adolescentes que comecei a atender quando eram crianças; hoje já não sou mais pediatra deles, mas ainda ligam para mim: "Queria falar com você". E o que me pedem usualmente? Por exemplo, o limite da homossexualidade, principalmente feminina. A menina liga para mim e fala: "Eu tenho uma amiga assim e assim, muito legal, gosto muito dela. Você é contra?". "Não, imagine, amizade é algo muito bonito", respondo. "Não, é mais do que amizade", ela diz. "Ah, é mais do que amizade", repito mais ou menos surpreso. Isso é frequente. E a jovem insiste: "E o que você acha?". Aí fico numa situação complicadíssima, porque não posso ligar para o pai dela e dizer: "A sua filha está querendo sair com uma mulher". Ao mesmo tempo, uma conversa desse tipo pelo telefone é pouco pessoal, fico numa posição muito desconfortável e pondero: "Não posso responder isso assim, de imediato. Valeria a pena nos sentarmos... Você já conversou com seu pai ou sua mãe sobre isso?". "Não, imagine. Meu pai é muito careta, quadrado. Não é igual a você." Mal sabe ela como sou...

Bom, e aí, o que fazer? É uma tendência homossexual que está aparecendo naquela fase e ela põe a dúvida em cima de mim, querendo saber o limite que *eu* quero dar para ela. Quanto a essa questão de colocar a cama especial no quarto da garota, em casa, isso é uma surpresa para mim, porque até hoje essa iniciativa, pelo menos que eu saiba, era dos pais dos *meninos*. Nunca vi nenhum casal, pais de menina, que colocasse uma cama para ela transar com o namorado na casa. Nunca vi. Geralmente isso representa um machismo enrustido na liberalização sexual, e eu diria assim: em vez de colocar um limite a isso, o que se faz de fato é oferecer um estímulo. Assumindo que a sexualidade vai aparecer, antes mesmo que aconteça, a família já dá o empurrãozinho...

Capelatto – Só que o efeito desse procedimento é ruim porque, no fundo, esse menino quer ser cuidado, essa menina quer ser cuidada. Então, eles começam a perverter essa sexualidade para agredir os pais, porque é horrível pensar que eles estão lá sabendo o que o filho ou a filha está fazendo. Nenhuma história desse tipo tem final feliz. A perversão do sentido de um desejo, seja ele o sexo ou a compulsão por comida, pode gerar doenças como a **distimia**, o transtorno de conduta, o transtorno obsessivo compulsivo, degenerações sérias do sentimento sexual e outras consequências com gravidade importante.

Martins Filho – E com relação ao uso de drogas é a mesma coisa. Quer usar, use em casa.

Capelatto – Quer fumar, fume aqui. Quer beber...

Martins Filho – Tenho enfrentado situações muito constrangedoras, envolvendo, por exemplo, a ingestão de droga. São pessoas, às vezes da própria área da saúde, que me contam que o filho, sozinho ou acompanhado, pediu para usar a casa do pai ou da mãe para fazer sua "reuniãozinha" com amigos que também querem usar droga. Isso está acontecendo, e são os profissionais que cuidam de crianças e adolescentes que estão vendo isso numa fase que eu caracterizo como pré-punicial, pré-judiciária, porque ainda não aconteceu a problemática. Os filhos jogam conosco como se pudéssemos ser os avalistas, os autorizadores dessa situação.

Capelatto – E aí entra a questão: somos bons amigos dos filhos? Porque quando o pai autoriza isso, ele adoece junto com o filho. Ou já era doente, mas ajuda a adoecer o filho, como exemplifica o caso desse pai que, em sua vida, nunca pôde fazer coisas porque seus pais lhe impunham limites, mas foi extremamente permissivo com o filho – só que com isso está contribuindo para que o filho adoeça.

A geração que estamos criando

Capelatto – Faço aqui uma afirmação que, para mim, é incontestável: pai e filho amigos? Nunca. Essa relação é doente. A questão dos limites é fundamental. Quantas vezes ficamos sabendo do pai que é chamado pela escola porque o filho agrediu um coleguinha. O que era de esperar é que ele chamasse a atenção do filho, dizendo-lhe: "Você está errado". Mas ele pensa consigo mesmo que isso é coisa que ninguém mais faz. Então ele vai e crucifica a escola: "Não admito que vocês falem assim com o meu filho". Ele vai lá e protege o filho que, no dia seguinte, "bota o dedo" no nariz da professora. E aí temos uma reação em cadeia de um narcisismo, de um hedonismo sem fim. O indivíduo não vê mais a fronteira entre aluno e professor, entre pai e filho, entre mãe e filho... e os papéis ficam totalmente confusos.

Martins Filho – E nós, até paradoxalmente, fazemos algo curioso: estamos educando crianças que, teoricamente, vão chegar aos 100 anos, pelo menos do ponto de vista biológico; não sabemos, porém, como vão chegar quanto ao aspecto psicológico, no convívio social, mas já contamos com um laboratório de genoma pediátrico. É possível hoje, quando nasce uma criança, fazer uma previsão, para os próximos 30 anos, das doenças genéticas que ela provavelmente vai ter e então entrar com um programa de prevenção e orientação. É quase uma tendência a fazer eugenia. É terrível isso. Vão chegar talvez aos 90 ou 100 anos com mais qualidade de vida que a nossa geração está obtendo aos 75, 80, mas não sei se isso que você está colocando, Ivan, vai ser resolvido. Ou seja, será que as pessoas vão voltar a ficar preocupadas com a felicidade que é inerente à análise crítica social da vida e não só ao prazer? Porque esta é uma diferença básica: as pessoas querem o prazer imediato que é físico – sexo, droga, emoção, bebida, balada –, mas não a felicidade que sentimos, talvez na maturidade, ao fazermos um pensamento crítico adequado sobre a própria existência e nos manifestarmos sobre ela com as experiências necessárias. E a questão do prazer imediato eu tenho visto no tipo de mãe que atendemos.

Vejo dois tipos de mãe: a adolescente, por exemplo, que tem um bebê prematuro, resultado de uma relação sexual casual para a qual ela não se preparou. Então, ela tem um bebê que nem a avó quer assumir, o que a leva ao desespero. E há a mãe de 40 anos que levou 20 anos para decidir ter um filho; agora o tem e fica desesperada, pois está na pré-menopausa e encontra dificuldades porque a criança acorda e a chama no meio da noite, suja a fralda, dá trabalho. E até os 55 anos essa mãe vai ter que obrigatoriamente correr atrás de escola, e ela não quer assumir isso. Quer dizer, são dois tipos de mãe bem definidos.

Quanto ao pai, é uma figura que está esvanecendo. No primeiro caso, é como se ele nem existisse, porque deve tratar-se de um adolescente cuja identidade talvez a garota nem saiba. No segundo caso, existe a figura de um pai que provavelmente pressionou a mulher para ter um filho que ela não queria. Então, concordou: "Eu vou ter, mas você vai ajudar a cuidar". E ela pensa que o pai tem peito para amamentar, tem voz fina, tem características que dão proteção para a criança.

São dois grupos de pessoas que encontram grandes dificuldades para cuidar dessas crianças, porque não estavam preparadas para entender o papel que cada um deve exercer na criação e na educação dos filhos.

Não sei se as gerações anteriores estavam preparadas para isso, mas elas tinham como finalidade última a procriação. É como se essa espécie, hoje, não estivesse preocupada com seus rebentos e com o futuro da humanidade. Quem vai cuidar das crianças? Quem está preocupado com elas?

Capelatto – Volto a afirmar: o que ficou perdido para nós, hoje, é essa conceituação do cuidador atrelado aos papéis de pai e mãe. Parece que gerar filhos passou a ser um ato social, divorciado do ato afetivo. Afeto é uma condição humana em que o amor, o apego, o desejo se juntam a um sentimento mais "pesado", que é o medo da perda do outro. Quando casais decidem ter filhos, eles não se dão conta da importância da afetividade, e confundem o cuidar com o dar condições boas de sobrevivência física e social, mas se distanciam dessa dinâmica mais profunda que é o jogo afetivo. Por isso, confundem cuidados com ofertas materiais, como boas babás, boa escola etc.

Martins Filho – Certa vez, li um pensamento de Miguel de **Unamuno**, filósofo espanhol de quem gosto muito, que diz o seguinte: "Devemos procurar mais ser pais do nosso futuro do que filhos do nosso passado". Considero essa frase muito apropriada. Quer dizer, o filho do passado é esse que fica virado para trás, olhando tudo o que aconteceu e querendo repetir essas coisas. Ser pai do seu futuro é criar.

Não tenho a menor dúvida de que a sociedade passa por um momento crucial do ponto de vista dos papéis que as pessoas exercem no âmbito familiar. Acho até que há uma inversão. Estou percebendo que a mulher jovem, hoje em dia, dentro da dupla conjugal – na minha vivência, atendo a muitos casais jovens –, é mais autoritária do que o homem. A mulher mudou e está ficando mais incisiva, talvez até recuperando a perda ocasionada por tantos anos de história de marginalização de seu papel na sociedade. E estou observando casais em que o pai acaba se recolhendo, regredindo, diminuindo, e a mulher começa a dominar e se torna autoritária. Observo também que muitas das separações acontecem porque uma mulher forte desse tipo pressiona o homem que não está muito a fim de enfrentar a vida a dois: prefere viver a vida dele, ver um jogo do seu time, jogar futebol, tomar um chope com os amigos, interessar-se por outras mulheres jovens, porque sua sexualidade ainda não está bem-resolvida, e a mulher "fica em cima" e tal... Acho que essa é uma mudança que está acontecendo e que tem um pouco a ver com a questão do cuidado com os filhos.

Quando tal mulher assume essa postura – o que é natural, é uma evolução –, a relação com as crianças se modifica, porque o papel de cuidadora que ela exerce atrapalha essa visão de autoridade, e ela começa a querer assumir o papel masculino, que não é de cuidadora e sim de impositora. Como ela também mudou de papel, passa a ser mantenedora do lar, pois muitas vezes ganha mais do que o marido. Assim, fica mais tempo fora de casa do que o marido, mantém relações sociais totalmente diferentes, tem seu próprio círculo de amigos, participa com mais frequência de *happy hours*.

Capelatto – Fica independente, não é? E vêm as consequências...

Martins Filho – Sem dúvida. Conheci um casal – sempre nos lembramos dos casos – que se separou e, mais tarde, voltou a se unir. A mulher foi ao meu consultório e sua queixa era a seguinte: "Estou separada, doutor". "Separou? Mas o que aconteceu? A sua menininha é tão nova", repliquei. E ela se justificou: "Sabe o que é? Eu saía da minha empresa, queria ir à *happy hour* com minhas amigas e o meu marido ficava louco da vida. Eu voltava para casa entre nove e meia e dez horas e ele estava bravo, reclamando que eu tinha que chegar às seis horas para dar o jantar para as crianças. Mas, se ele estava lá, por que ele mesmo não dava?". Entendeu? É uma inversão do que estava acontecendo. Estou criticando isso? Não, mas é uma constatação.

Outra coisa que tenho visto: de repente chega a mãe, com um bebê de quatro meses nos braços, sorrindo: "Tudo bem?". "Tudo." "Como está o bebê?" "Está ótimo." "E aí...?" "Separamos." "Como separaram? Com um bebê de quatro meses?" "Ele sacou que o negócio dele não é ser pai." E ela aceita sem problema a situação. "Não, legal. É isso aí, então vou assumir o filho..." Estou vendo isso bastante. Não sei se estou ficando muito perceptivo...

Há pouco tempo conversei com uma pessoa que me contou exatamente a mesma história, ocorrida em quatro meses e meio. Perguntei: "Mas e agora?". "Não, está tudo bem, vou visitar minha sogra, eles veem as crianças, meu ex-marido às vezes até telefona para saber delas, mas o negócio dele não é esse, Martins. E acho que ele tem razão, ele tem mais é que viver a vida dele. Acho que é melhor assim do que se ele arrumasse amante aí fora e me enganasse." Percebe como está acontecendo? São duas mulheres diferentes que assumem o papel de cuidadora extrema, que tomam conta e que aceitam essa relação rompida muito precocemente, assim que aparece o filho.

Não sei, Ivan, se você está vendo isso, mas tenho percebido que o nascimento de um filho de um casal jovem pode ser a gota d'água no desencadeamento da ruptura familiar, porque essa criança começa a demandar tanta atenção que o casal percebe que perdeu o prazer.

Capelatto – É fato, sim. E aqui volto a afirmar o que disse logo no início deste nosso bate-papo: a demanda do filho é fonte de desprazer porque ele tem que receber cuidado. Os pais têm que cuidar. E o cuidado envolve os dois porque, se ela se torna mãe, ele fica sem esposa, ele tem que ir junto. Inclusive é uma das questões aqui de amor e partilha. Então, o que estamos falando? Estamos falando que a vinda de um filho causa uma mudança radical, fundamental na vida de um casal; que, a cada dia, essa demanda muda, e, quando termina a fase da amamentação, a demanda piora, porque aí a criança já fala, anda, mexe nas coisas. E vem a idade escolar, o contato cada vez maior com os colegas, a adolescência, a influência dos outros... E quanto aos pais, o que podem fazer? O que devem fazer? Eles sabem o que fazer? Deveríamos ter um movimento maior na sociedade, patrocinado pelo poder público, com o objetivo fundamental de oferecer cuidados aos casais que pretendem ser pais. Quando posso e recebo convites, vou às escolas para falar disso, para os pais dos alunos. Temos também a **Escola de Pais do Brasil**, instituição que funciona em muitas cidades brasileiras com o objetivo de congregar pais, educadores, pessoas com poder, como políticos, juízes, profissionais da saúde. Mas, quando visito como palestrante essas cidades que têm a instituição, vejo o sacrifício dos dirigentes para atrair casais e pais para o movimento.

Martins Filho – Não existe hoje em lugar nenhum uma escola para pais. As pessoas não recebem uma orientação especial para serem pais, elas aprendem vivendo. É como aprender a pilotar avião: depois que levantou voo, o aprendiz fica na cabine e levanta, abaixa, vira de lado e tal... E isso é uma das coisas que hoje contribuem para criar ansiedade, porque a mídia divulga muito os perigos e os riscos da questão da família. Por isso, preocupado com o assunto, comecei a trabalhar nessa área, a escrever sobre isso e a orientar teses nessa linha. O que existe é um tipo de atendimento e um tipo de relação família-profissional – e aqui tanto podemos considerar o pediatra ou o médico em geral, quanto o psicólogo ou o psiquiatra, que são as pessoas ainda ouvidas, provavelmente as últimas conselheiras, já que dificilmente se busca a ajuda de um parente. Geralmente não atraio, num primeiro momento, pessoas que estão com problemas de relacionamento familiar; costumo ser procurado pela pessoa que tem um problema de saúde – e esse é um privilégio do pediatra que faz neonatologia – ou pelos pais que buscam orientação porque acabam de ter o nenê; assim, vejo a criança desde o nascimento, acompanho o seu desenvolvimento e acabo me tornando conselheiro e médico da família. Nesse caso, as pessoas me ligam com as mais diferentes finalidades, inclusive para perguntar sobre a sexualidade da menina, do rapaz.

Então, o que eu acho? O que fica evidente na sociedade é que as pessoas perderam os padrões de conduta porque elas também não têm certeza desses padrões. Será que uma pista seria um estreitamento de amizade entre pais e filho?

Capelatto – Não, Martins. Amigos, nunca. Essa relação, repito, é doente. Quando o pai faz concessões, viola seus próprios limites, ele adoece junto com o filho. O pai nunca pode ser amigo do filho. Ele pode ser amigo do filho nas atividades ligadas ao lazer: podem ir juntos ao cinema, ao teatro, a jogos de futebol... Mas na hora das decisões, das respostas, dos "pode não pode", dos limites, nem pensar!

O desejo é a mágica da relação entre pai e filho, algo frequentemente ignorado, conforme se pode constatar pela leitura do livro *Pai ausente, filho carente*, de Guy **Corneau**. O que é o desejo? Ele se revela assim: o outro é meu enquanto não for dele, enquanto não tiver asas. Então, eu não quero que o outro ponha o dedo na tomada. Por quê? Porque eu não quero, entende? Não é porque dá choque. Mas toda tentativa de se tornar pedagógico, justificando e explicando o não, vai, certamente, se tornar cansativa, irritante e sem chance de sucesso. Explicar é, na cabeça ainda imatura de crianças e adolescentes, como se o pai estivesse se desculpando por ter que dar o limite. Quem pede desculpas está "culpado", não? Se o pai sente culpa em dar limites, é porque o limite não deve ser uma coisa boa, não é mesmo?

Pais: Amigos dos filhos?

Martins Filho – Ivan, você recomenda que os pais não se justifiquem, nunca expliquem nada. Por quê? Você considera que não é bom dialogar com os filhos?

Capelatto – Creio que não existe diálogo na hora do limite. Mais tarde, quando a crise normal da frustração tiver passado, vale a pena arriscar uma conversa, mas nem sempre essa dinâmica dá certo. O diálogo é uma grande invenção humana; é bom quando não há nada a ser decidido. Por exemplo, podemos nos sentar à mesa de um bar e falar sobre futebol. Podemos falar sobre Deus ou sobre a tomada e o choque. Porém, quando tenho que tomar decisões, o diálogo não presta, ele empobrece o ato. É um bom recurso quando as pessoas já têm suas opiniões, mas não é possível entre um adulto (responsável pelos cuidados) e um ser de cinco ou 15 anos, simplesmente porque não há argumentos, por mais sinceros e lógicos que sejam, capazes de justificar os motivos da privação daquele prazer. Vamos supor que um pai tente conversar com o filho sobre a festa do próximo fim de semana, uma *rave*. Pressionado por uma sociedade hedonista, o jovem está querendo experimentar maconha ou ter relações sexuais com alguma menina. Ou quer pintar o cabelo, e na *rave* é permitido pintar o cabelo, colocar *piercing* etc., e eu vou dialogar com ele sobre isso? Vou expor razões para isto ou para aquilo? Não, não há razão. O prazer não tem razão. Assim como a justificativa não é também, ela mesma, razoável, por mais acertada, lógica e pedagógica que possa parecer. É uma ilusão, um engodo pensar que a lógica do "correto" exista na cabeça de algumas pessoas. Todos nós conhecemos adultos, inteligentes e lógicos, que continuam a fumar, a beber e dirigir em seguida, a comer coisas que lhes fazem mal...

Martins Filho – Já conheço sua posição no que diz respeito a essa questão, mas muita gente pensa que, ao evitar o diálogo, não é dada ao filho a oportunidade de refletir e, talvez, optar por concordar com o responsável ou com sua decisão.

Capelatto – O diálogo, como já disse, cabe em outros momentos e também com outras pessoas. Mas, quando o pai vai falar com o filho, naquele momento em que ele veio pedir para fazer isto ou aquilo, essa é a hora de provocar nele a saída das pulsões. Do ponto de vista da psicanálise e da neurologia, é preciso que o jovem entre num processo pulsional, que o medo se manifeste. E o medo vem para fora por meio das amídalas cerebrais. É necessário que ele sinta ódio, raiva, para que possa ter acesso ao medo. No dia seguinte, talvez se possa falar das razões para ele. Mas se ele não tiver contato com o medo de ser rejeitado pelos amigos, com a frustração de não poder estar com aquela menina que deseja ou de não fumar a maconha escondido, se ele não tiver acesso a isso, esse diálogo pode se transformar numa eterna contenda. Desse modo, pode-se perder o filho para o resto da vida, porque o confronto entre o que ele quer, deseja com paixão, e o cuidado que os pais precisam oferecer é inevitável. A fala é um instrumento que representa nossas intenções, mas não é tão objetiva nas situações de confronto. O prazer, o desejo de ter prazer, é uma pulsão arrebatadora e sequestra seu autor. Nada, nem ninguém, pode mais, na vida do indivíduo, do que a pulsão, o desejo de ter prazer. Dessa perspectiva, a lógica, a ciência, a pedagogia, o discurso de que "amanhã você vai..." não têm nenhuma chance de competir com a pulsão. O limite, representado pelo desejo dos pais de cuidar, é a única saída para o jovem.

Martins Filho – Tenho uma visão um pouco menos radical sobre a questão da relação do diálogo e da autoridade.

Capelatto – Desejo. Não é autoridade, é desejo. Ser autor (autoridade) de um desejo cuidador, embora vá causar frustração no outro, não é um exercício de "autoritarismo", é um exercício de amor.

Martins Filho – A sociedade moderna confunde autoridade com autoritarismo. Autoridade é algo realmente inerente a algumas figuras da sociedade nas relações sociais. Se a pessoa é pai, se é mãe, ela tem que ter autoridade para tomar as decisões. Penso que o que você censura é aquela fraqueza que pai e mãe demonstram quando têm de colocar limites, quando têm de dizer não, porque o não os machuca também; assim, são invadidos pelo medo de que o filho não seja feliz, e aí vem a culpa. O que me parece, Ivan, é que na sua percepção o diálogo não leva necessariamente à decisão de colocar um limite que é necessário.

Eu acredito no diálogo como forma de construção do pensamento, do ensino e do aprendizado. Sem dúvida é necessário conversar com o filho, dialogar e tal. Mas existem momentos em que as pessoas ficam com medo de tomar uma posição de autoridade e dizer não, prolongando indefinidamente um diálogo que não chega a nada. Eu vejo assim. Acho que você até já usou esse exemplo, Ivan, e, como concordei plenamente com ele, vou mencioná-lo aqui. É assim: "Você vai à festa? *O.k.*, vai. Mas você vai chegar à uma hora". "Por que eu vou chegar à uma hora?!", ele questiona. E o pai poderia argumentar: "Porque é tarde, porque vai ter bandido na rua, porque eu vou ficar acordado...". Mas, não. O pai vai reiterar a ordem porque é preciso fazer entender que essa é a norma: "Porque eu quero que você chegue à uma". Quer dizer, essa é a diferença. O aprendizado, na maior parte das vezes, é duro e passa pela questão do desejo – como você coloca –, ou seja, da não satisfação dos seus desejos, da sua felicidade, das coisas prazerosas. Mas, fundamentalmente, o que percebo é que, por cansaço, as pessoas não fazem as duas coisas: nem promovem o diálogo construtivo nem tomam as decisões. Elas deixam a coisa ir correndo, acontecendo. Fico impressionado! Há crianças cujos pais chegam a mim e falam: "Olhe, cara, ninguém suporta esta criança. Pelo amor de Deus, dê cafeína para ela, dê **Ritalina**, porque ela é hiperativa, vamos 'tocar' remédio nela". E aí, infelizmente, às vezes a criança é medicada em excesso. E rotula-se todo mundo de hiperativo, inclusive qualquer molequinho que dá trabalho: basta que as pessoas não consigam conversar com ele nem concluir que essa fase é normal. Então, dão Ritalina e cafeína, muitas vezes orientados até por pessoas ligadas ao ensino, nas próprias escolas, pois acreditam que assim os alunos estarão "mais concentrados, aprenderão melhor".

Muitas vezes dão anticonvulsionante como depressivo. E, pior, às vezes dão **benzodiazepínicos**, que proporcionam uma serenidade artificial – tranquilizantes que se popularizaram na última década e que muita gente tomava um comprimido à noite para dormir, dizendo: "Ah, não, eu não tomo nada, só uma gotinha deste ou daquele calmante", ou "é um comprimido bem pequeno, de 1 mg apenas".

Capelatto – Dá para engolir sem água!

Martins Filho – Aliás, você conhece a "pílula da felicidade"? É só pegar um **Viagra**, um antidepressivo e um

Lexotan (um para impotência, um para depressão e outro para a felicidade): esmagá-los e misturá-los bem em água e tomar. Obviamente isso é uma piada; ninguém deve tomar nada parecido.

Mas por que estou dizendo isso? Eu consigo entender sua visão de psicanalista, Ivan, transportada ao meu contexto de pediatra da seguinte maneira: é óbvio que conversar é fundamental. O que, porém, não está implícito é que as pessoas acreditem que basta conversar e os problemas automaticamente se resolvem. É claro que é muito importante a oralidade, a discussão, a conversa, a troca de ideias. Mas, mais do que isso, é uma questão de saúde mental e de coragem de assumir sem temer uma posição de autoridade. Acho que esta é uma sociedade pós: pós-revolução, pós-anos de chumbo, pós-ditadura, pós-militarismo, em que as pessoas condenavam, condenavam e condenavam. Então, era bonito na nossa infância ou na nossa juventude – e nossos filhos foram criados mais ou menos assim – ser liberal. Não se podia botar limite, que isso era uma atitude autoritarista, ditatorial, indício de uma visão germânica, que era uma visão autoritária. E fomos para o outro lado – Summerhill! É um absurdo, cada um pode fazer o que quiser.

Capelatto – E foi um desastre! Uma fábrica de esquizofrenia, uma experiência que mostra que o inconsciente não pode ser apreendido pedagogicamente, que o ser humano não é tão romântico nem tão submisso como se pensava nessa época. Infelizmente ainda se pensa assim hoje, nesse romantismo sobre o sujeito. Somente lúcidos podem atender à demanda das regras e dos limites da vida.

Martins Filho – Eu recebi, certa vez, uma criança no consultório, aluna de uma professora superliberal, maravilhosa, legal "pra caramba"; estava com as crianças lá no mato, onde acharam um morcego. E as crianças se espantaram: "Nossa! Um morcego!". Logo a professora interveio: "Não tenham medo, o morcego é lindo, podem pegá-lo". Todo mundo pegou o morceguinho enquanto a professora observava: "Olhem a natureza, vejam como a natureza é bela, temos que gostar do morcego". Só que um morcego no chão, morto ou doente, até prova em contrário, pode estar com raiva. E claro, enquanto não se tinha a resposta do laboratório, todo mundo precisava ser cuidado, vacinado. Ou tomar soro antirrábico na barriga, um procedimento arriscado que pode até causar danos importantes – graças a Deus, não houve maiores consequências. Tudo por causa de uma visão de um liberalismo extremado. Sabe essa coisa "natureba"? É o naturalismo exagerado, segundo o qual vale tudo: não se toma banho, não se tem hora para comer, não é preciso se preocupar com a roupa, e assim por diante.

Sexo, drogas e diálogo

Capelatto – O diálogo precisa existir, não há a menor dúvida. Vamos nos lembrar de **Hegel**: temos a tese, a antítese e o terceiro elemento, a síntese.

Podemos tomar um exemplo. Há neurologistas e neuropsiquiatras que falam sobre a psicose secundária ao uso da *Cannabis sativa* (popularmente conhecida por maconha). Está provado que as psicoses atuais são derivadas da maconha. A maconha age em todo o sistema límbico e provoca delírios, a perda da habilidade verbal, a paranoia. Pode também acarretar sequelas irreversíveis, principalmente em organismos ainda em formação, como o da criança ou do adolescente.

Martins Filho – E as sequelas não só no momento em que você usa a droga, mas ocorrem principalmente a longo prazo, como dietilamida do ácido lisérgico (**LSD**), que causava uma cicatriz psicótica.

Capelatto – Assim, mesmo quem parou de fumar maconha vai apresentar um *gap* [lacuna] e, então, um quadro de psicose: passa a escutar barulhos, vozes... E tem a psicose secundária ao uso da maconha, fato que está provado. Nenhum jornal brasileiro quer publicar isso. Quando você conversa com esses meninos que usam maconha, eles argumentam: "Não, cigarro faz um mal maior do que maconha". Diante dessa linguagem, dessa visão, como é que você dialoga?

Martins Filho – Essa mentalidade já está incorporada.

Capelatto – Vamos agora ver algumas circunstâncias e analisar quando é possível o diálogo – eu acredito no diálogo! Há pouco tempo, a Unesco colocou uma reportagem paga na revista *Veja*[2] intitulada "As alucinantes noites dos camicases", noticiando um tipo de festa que tem sido realizada em várias capitais e também em cidades do interior. Em resumo, são festas heterossexuais organizadas por um *promoter*, que contrata um *DJ* e fixa um preço elevado por pessoa (cinco mil reais, por exemplo), com direito a tudo: bebida, comida, drogas... Só não pode levar camisinha. Cerca de uma hora da manhã, todos tiram a roupa e se relacionam como quiserem. Mas o grande *it* da festa é que estará presente um homem ou uma mulher HIV positivo, um aidético. Assim, a grande *aventura* é a pessoa ir embora pela manhã sem saber se teve relações com o aidético, ou não. O aidético ganha cerca de três mil reais, mas não é identificado, a não ser em algumas festas, quando se faz reconhecer por um bracelete vermelho no braço, porque aí os mais cuidadosos podem se precaver.

---

2. Reportagem de Adriana Dias Lopes. "As alucinantes noites dos camicases". *Veja*, São Paulo, ed. 2.080, ano 41, n. 39, 1/10/2008, pp. 96-98.

Quem vai à festa? Vai tanto o Zé da vila quanto o João do condomínio fechado.

Essa sociedade vem com esse mote e você vai dialogar, dizendo que isso está errado?

Martins Filho – É, nesse caso não adianta querer alertar.

Capelatto – Sim, porque quem vai já sabe que se trata de uma festa camicase. E o que se vai dizer? Que cocaína faz mal? Ademais, ninguém vende cocaína pura atualmente, ela já vem misturada com pó de mármore, cal, talco etc. Quando a pessoa aspira, a substância fica na mucosa, mas também vai para os pulmões.

Martins Filho – Quando o pó de mármore vai para os pulmões, ele pode ocasionar o desenvolvimento de Asbestose, uma doença grave. É a mesma coisa que acontece com os operários que trabalham com amianto. São partículas sólidas que, aspiradas, são incorporadas pelos alvéolos, ficam impregnadas lá.

Capelatto – E isso faz com que o sujeito não consiga respirar mais como antes. Aos poucos ocorre uma falência pulmonar e ele vai ficando cianótico.

Martins Filho – Ele tem o que chamamos de Doença Pulmonar Obstrutiva Crônica (DPOC), que acarreta a perda gradativa dos pulmões.

Capelatto – Aí reparamos nas unhas de alguns meninos e vemos que estão roxas e o coração está taquicárdico, porque ele precisa bombear muito para fazer a oxigenação. Você percebe o "vamos dialogar"? O que eu tenho feito? Selecionei a reportagem da *Veja*, reuni alguns pais e disse: "Peguem a reportagem sobre os camicases, sentem-se com seus filhos e leiam juntos". E acrescentei: mesmo que eles reclamem ("Que mico, pai! Você vai ler isso?"), não esmoreçam, sejam firmes: "Vamos ler, sim. Vamos ler isto aqui". Após a leitura, talvez os comentários sejam de outro tipo. Algo como: "Nossa, pai" ou "Nossa, mãe"; "Ô, esses negos tão loucos". Qual a conversa? Não é sobre se isso é verdade ou não; não é o questionamento sobre por que alguém iria a uma festa dessas.

Martins Filho – Esse é um diálogo.

Capelatto – Agora, se o jovem vai ou não, é problema dele. Por que alguém iria? Iria por se sentir pressionado socialmente, pelos amigos, pelo(a) namorado(a), pela "ordem social" que é a ideia de ter prazer, mesmo com risco. Iria por já estar adoecido afetivamente, com um instinto de morte instalado. Daí pode se iniciar um diálogo. Porque nós vamos dar a informação, mas ele vai receber também uma outra, pois vai ser convidado para participar disso.

Martins Filho – Ivan, não sei se estou interrompendo. Isso que você acaba de colocar significa que tem uma posição tomada com relação a essa situação: claramente acha ruim o uso de drogas, a perversão sexual, a promiscuidade, por causa dessas consequências. Mas é você, Ivan, que pensa assim. A maior parte das pessoas que vejo não tem esses conceitos formados. "Sabe? Não é bem assim, não exagere. Aquele negócio de cocaína, uma vez ou outra, não tem tanto problema. Não é tanto como o Ivan fala, o Ivan é muito exagerado, cheirar um pouquinho de vez em quando..."

Capelatto – "Cheirar só na festa, só socialmente", como se o uso de drogas pudesse ser controlado pelo consciente.

Martins Filho – "É legal, porque dá prazer. Maconha? Isso é bobagem. Você fuma cigarro, é muito pior do que maconha."

Capelatto – "Mas, tio, eu só cheiro quando faço prova e vou bem em todas." Mas esse jovem faz prova toda semana!

Martins Filho – Temos uma sociedade que, na classe menos privilegiada, marginalizada, abandonada, além de toda a problemática emocional, ainda sofre da falta de cultura, do conhecimento mínimo, de condições sociais, de adequação, de perspectiva, que se somam à miséria, à violência física... Temos alguns trabalhos muito interessantes. Se dermos suco de cenoura todo dia para uma gestante e ela gostar, quando o bebê nascer, vai preferir o suco de cenoura aos outros; se para outra dermos suco de laranja, quando o bebê nascer, vai gostar mais desse suco do que de outros. Ele forma cerebralmente, gustativamente, a preferência. Isso se falarmos de paladar. Imagine se pensarmos nos sons, nas emoções... Imagine a mulher que mora na favela sendo agredida, violentada. É outra coisa que vemos muito na Universidade Estadual de Campinas (Unicamp), nos ambulatórios...

E também na classe média. Casos que acabam em tragédia, como tantos que vêm ocorrendo em nosso meio e ganham tanta visibilidade, ficam até famosos. Por exemplo, o jovem que mata a ex-namorada – e depois ficamos sabendo que ela tinha mais quatro irmãs, mas só por parte de mãe, porque cada uma era filha de um pai diferente; por outro lado, o jovem assassino também pertencia a uma família desajustada, cinco filhos de diferentes pais.

E aí descobrimos que isso é uma constante, porque há uma diminuição total, até mesmo negação, dos valores. A sexualidade precoce é um dos problemas mais sérios e rotineiros. As meninas estão tendo relações sexuais com 11, 12 anos. Por exemplo, recebi um telefonema de uma mãe que me disse o seguinte: "Eu vou levar minha filha até aí porque ela está com dor de barriga, uma dor de barriga muito forte. Acho que ela está com algum problema intestinal porque não evacua direito". Quando a examinei, verifiquei que ela estava já com quatro meses de gravidez. Isso aos 12 ou 13 anos de idade! Porque a família não sabe de nada; não sabe que a filha sai à noite, que vai para a balada, que a turma bebe, usa drogas etc. A sexualidade está sendo praticada muito precocemente e, infelizmente, em grupos de risco, e a família, muitas vezes, não tem a mínima noção do que está acontecendo.

Recentemente, a mãe de uma menina de 12 anos me ligou apavorada, porque descobriu que a filha ia às festas com as amigas e elas apostavam entre si que cada uma tinha que ficar com no mínimo três meninos e beijá-los tantas vezes quantas pudessem. Quem não ficasse com três, perdia a aposta. Então elas ficavam se dividindo, primeiro com um, e beijavam, beijavam, beijavam – por enquanto parece que era só beijo, pelo menos. Daí trocavam o parceiro e se punham a beijá-lo; mais tarde elas faziam uma reunião para comentar como é que haviam se saído os três. E a mãe não sabia como lidar com isso.

As pessoas não têm mais certeza sobre o que é certo ou errado. Não sabem se não permitir que o filho transe em casa ou fume maconha no quarto é ser careta, é ser conservador ou é ser protetor. O que significa ser ou não ser? E aí é uma confusão total: elas não promovem o diálogo porque não têm o que argumentar nem têm a capacidade de falar: "Não, não pode, não vai fumar maconha aqui dentro"; ou: "Essa menina aí não pode vir aqui, ela tem 13 anos. Você é um pedófilo" – tive de intervir nesse último caso, dizendo para uma mãe: "Minha senhora, o seu filho está cometendo um crime de pedofilia. Ele tem 19 anos e está tendo relação sexual com uma menina de 13 anos. Isso é crime, ele vai ser preso".

E ninguém põe freio em nada, como se os pais não tivessem a capacidade de tomar essa decisão. Isso é o fordismo comportamental, quer dizer, as pessoas acham que não existe forma de alterar o comportamento, não conseguem mais colocar limites e seguem numa só batida.

O dever de cuidar é dos pais

Capelatto – O filho não solicita os pais apenas com 10, 15 ou 20 anos, mas desde pequeno. É feito todo um trabalho ao longo do tempo. Então, se eles acompanharam o processo educacional da criança, dificilmente se surpreenderão com algo tão extraordinário que vai acontecer na adolescência. São diversos elementos que estão presentes ao longo da convivência familiar: a presença afetiva, a capacidade de amar desses pais, o limite desde cedo, o diálogo quando possível, entre outros.

Martins Filho – Meu livro, *A criança terceirizada*, dá uma boa pista nesse sentido. O processo acontece progressivamente desde o nascimento. Se a criança não é cuidada pelos pais, mas é entregue aos cuidados de terceiros, quando os pais se dão conta, já perderam o pique. Assim, como afirmei no referido livro, se o pai não dá a mão para a criança de quatro ou cinco anos e depois me diz assim: "Agora preciso tomar cuidado, meu filho chegou aos 14, preciso ficar atento", respondo que já não adianta muito, porque isso devia ter começado lá no nascimento, ele tinha que ter participado desde o início. Mas esta sociedade não está querendo assumir o ônus de olhar essas crianças. E como o fariam, se a mãe sai para o trabalho às 7 h da manhã, volta às 10 h da noite, ou viaja para os Estados Unidos, e o pai, por sua vez, vai para não sei onde, comunica-se via telefone, não se faz presente? As pessoas não participam dessa evolução.

Capelatto – E, complementando isso, os pais não querem escutar os pedidos de seus filhos, e as crianças, em sua grande maioria, são normais, pedem. Existem 2,3% de crianças com esta ou aquela síndrome, mas 97,7% são crianças normais, que vivem pedindo, pedindo, pedindo. Na medida em que não são escutadas, ou são terceirizadas, os pais param de ouvi-las. E é no pedido que eles aprendem a ver quem é seu filho, é nessa coisa de ficar perto, de ficar junto. Na medida em que os pais ficam surdos, ou indiferentes, ou, como você disse antes, Martins, complacentes, eles não vão conhecer verdadeiramente os filhos. Quando os pedidos, chorosos ou alegres, não são dirigidos aos pais, mas sim a outrem, os pais deixam de aprender sobre seus filhos e vão cair na armadilha de imaginar que eles estão bem, pois desconhecem suas queixas e frustrações.

Martins Filho – Sabe, estou absolutamente convencido de que o ponto crucial da questão reside no fato de as pessoas acreditarem que o problema está na adolescência. Não é assim! É uma sequência histórica que vem desde a gravidez. As coisas têm uma continuidade. Quando ficamos sabendo que quatro estudantes de Direito, de universidade particular, com idade entre 18 e 19 anos, de classe média-alta, param num ponto de ônibus, pegam uma mulher que se dirigia para o trabalho, batem nela para roubar R$ 50,00, o que mais podemos esperar? É deplorável! Meu Deus, são pessoas que não valorizam as relações nem o respeito pelo outro, talvez até porque não tenham sido respeitadas também.

Quando falamos em gênese da violência – e a maioria das pessoas acentua aí o aspecto econômico, que é real –, acrescento uma variável fundamental que é o abandono precoce das relações afetivas. Essas pessoas não são amadas, não têm afeto, não têm *feedback* disso que você coloca, Martins: que todo mundo quer ser cuidado, todo mundo gosta de ser amado, respeitado. E, quando vemos crianças que ficavam com fraldas infectadas, que foram arrebentadas, chutadas, viciadas, violentadas, abandonadas, desmamadas precocemente, cuidadas por pessoas que as maltratavam e batiam nelas, não podemos ficar surpresos quando, tendo sobrevivido a tudo isso, ao crescerem, chegam a uma idade em que começam a falar: "Pera aí, eu sou eu. Tenho os meus direitos, a minha individualidade. Agora, vocês vão ver. O ferro volta" – porque esse comportamento sociopata não aparece do nada.

Há um trabalho interessante sobre a adolescência em aldeias de pescadores africanos. É uma aldeia isolada em que as crianças crescem, tornam-se adolescentes; as meninas trabalham com as mães, tecem rede e renda, e os meninos começam a entrar nas canoas e vão pescar com os pais. Não aparece a tal crise da adolescência, a transição é natural.

Capelatto – Nenhum nativo tem a tal crise, pois na cultura nativa – isto é, entre os índios ainda não aculturados – há regras e limites já incorporados pela sociedade, um padrão que todos seguem.

Martins Filho – Quer dizer, há essa socialização e esse aculturamento das pessoas dentro da vida urbana, da violência, esse desprendimento total das pessoas achando que têm que correr... A mulher, muitas vezes, não quer ser escrava doméstica, mas se torna escrava lá fora e pensa que ganhar menos do que o homem não tem problema, desde que tenha *status*... Tenho o exemplo de uma família na qual a mãe sai às 7 h da manhã, volta às 18 h e depois vai para a faculdade à noite; por fim, para ter um *status* – o de trabalhar fora –, ela "paga" para trabalhar, porque gasta com a babá muito mais do que ganha. E ela não "saca" isso. As crianças, sentindo-se abandonadas, vão ficando violentas e começam a fazer o vínculo com a babá.

Capelatto – Há um fenômeno que ocorre no meu consultório. Trato de muitas crianças e muitos adolescentes e, como recebo bastante emergência – porque eu sou o cuidador –, acabo ficando no telefone o dia inteiro. Também trato de muitas vítimas de *bullying* na escola. Tenho uma paciente de 15 anos, uma menina especialmente bonita, dona de um belo corpo. Todos os meninos querem ficar com ela, mas ela não quer ficar com nenhum deles porque ela quer achar aquele...

Martins Filho – O príncipe encantado.

Capelatto – As meninas querem sair com ela, porque ela atrai os meninos. É a melhor aluna do colégio, inclusive ganhou uma bolsa para estudar na Alemanha. Ninguém quer sua companhia na escola porque ela é *nerd*, mas querem sair com ela. A consulta dela é toda quarta-feira às 16:30 h. Ela chega às 15:30 h e pede para o pai vir buscá-la às 18 h. E fica sentada, lendo. Já faz três anos que a atendo. Quando minha secretária lhe perguntou: "Por que você fica tanto tempo aqui?", sua resposta foi surpreendente: "Ah, porque eu quero ver o tio vir até a sala e falar 'oi'". É que eu costumo ir pessoalmente buscar os pacientes. O consultório é comum, a sala, sem qualquer luxo, as cadeiras não são confortáveis. E ela escolhe ficar mais tempo num lugar como esse!

Há o caso de outro paciente. A primeira vez que ele apareceu, pensei que fosse psicótico, mas na verdade ele estava usando *crack* aos nove anos de idade. Foi encaminhado a mim por um psiquiatra, trazendo um diagnóstico de psicose, esquizofrenia. *Crack* dentro do condomínio. Filho único.

Martins Filho – Nove anos?

Capelatto – Nove anos. O "Johnnyzinho" fumava *crack* à tarde, dentro do condomínio, enquanto os pais estavam fora. Aí, começou a ir às consultas e, aos poucos, parou com a droga. Naturalmente, dá um enorme trabalho na escola, porque, tendo parado com o *crack*, está com síndrome de abstinência. Então, ele me liga – pois de alguma maneira se apoia em mim, entende? – e vai para a consulta vestido de soldado, com aquelas roupas camufladas, a cabeça raspada. Certa ocasião ele me telefonou porque no dia da consulta a mãe queria levá-lo ao *shopping* – ela resolveu que ia cuidar dele e pretendia levá-lo a passear em vez de trazê-lo para a consulta –, pois ela achava que ele estava ficando dependente de mim.

Martins Filho – É melhor ser dependente do *crack*, do que de você... é isso, Ivan?

Capelatto – O *crack* é mais barato, custa entre R$ 5,00 e R$ 10,00 a pedra.

Martins Filho – Isso é muito interessante, a depen-dência do terapeuta é muito grande.

Capelatto – Ele chega na hora da consulta e liga para o pai ir buscá-lo uma hora depois de terminada. Fica pelo consultório, conversa com os outros pacientes, aí fica sabendo da minha vida. Quando soube que eu estava com uma pedra no rim... nossa, ele entrou em desespero! E perguntou para a minha secretária: "Ele vai morrer?". "Não", ela respondeu, "ele está com...". "Se ele morrer, vou me matar também." Essas coisas... essas coisas de pai. Se meu pai morrer, vou morrer. Ele tem 12 anos, faz três anos que se trata comigo. Nunca mais usou *crack* nem nada, mas... É um jovenzinho que foi terceirizado para o terapeuta porque ele estava sendo terceirizado para os amigos do condomínio que, na ilusão da proteção do muro...

Martins Filho – Quando falo da terceirização da criança, chego a comentar, mas você, Ivan, colocou um ponto agora que reforça isso: a terceirização da figura autoritária ou da figura de autoridade. Na verdade, essas crianças estão buscando autoridade, estão buscando limites. Precisam dos limites. Só que esta sociedade é tão covarde que não assume isso. É muito mais fácil o pai passar por bonzinho, um paizinho legal, que deixa o filho fazer tudo o que quer.

Capelatto – Vou lhe falar ainda uma coisa: às vezes ele me liga da escola – agora ele tem celular – e me diz: "Tio, eu vou meter a mão num cara aqui". Aí eu lhe pergunto: "Por que você me ligou?". "Para você falar para eu não fazer isso." "Então, não faça isso!" É a necessidade de ouvir uma palavra forte de alguém que ele respeita.

Há algum tempo, um adolescente que conheço desde pequeno veio à minha procura. Dizia estar muito agitado e pediu que lhe receitasse Ritalina. Naturalmente, me recusei e lhe indiquei um colega de profissão. Meu colega o atendeu e decidiu não lhe dar o medicamento, mas prescreveu um ansiolítico, pois considerou que ele estava hiperativo, ansioso. Dias depois, ele voltou a me procurar: "Preciso lhe contar uma coisa... É que eu tenho fumado *crack*. Você acha que isso está me prejudicando?". Só havia uma resposta possível: "Acho". Ele me perguntou então o que deveria fazer para parar. Fui firme em lhe mostrar que, se queria realmente parar, ele conseguiria. À noite escrevi um bilhete que enviei para ele. Passada uma semana, ele estava me esperando: forte, parecia um monstro, braços de halterofilista. Ele me disse que não fumava havia seis dias. Fiquei contente e perguntei se o remédio que meu amigo havia receitado estava lhe fazendo bem. Ele comentou vagamente: "Ah, mais ou menos, mas faz seis dias que não fumo". Indaguei ainda como ele estava se sentindo, e ele afirmou que se sentia bem – a memória voltara, a agitação tinha passado e ele estava indo bem na escola. Passado mais algum tempo, encontrei-o casualmente num domingo, quando ele fez questão de me informar: "Faz 13 dias que não fumo *crack*". Sei que a família dele enfrenta problemas sérios, mas o que me chamou a atenção foi que eu me tornei uma referência, ele desenvolveu a necessidade de me contar sobre sua vida, seu progresso. Volto a enfatizar: ele precisava ouvir uma palavra forte de alguém que respeitasse.

Houve um caso atípico de uma jovem médica que não tinha com quem partilhar sua vida nem a quem pedir ajuda; o pai e a mãe trabalhavam o dia inteiro. Ela me procurou pedindo que eu a ajudasse. Parecia uma criança.

Martins Filho – Que idade ela tinha?

Capelatto – 25 anos. Diagnostiquei-a como distímica. Como sofria constantes alterações de comportamento, vivia de mau humor e, assim, ia destruindo as próprias conquistas: mal alcançava um objetivo e já começava a ver defeitos naquilo. A cada nova conquista, ela reiniciava o processo de pôr defeito.

Martins Filho – É, pessoas distímicas estão sempre de mal com a vida: brigam, perturbam, vivem de mau humor. Não são más pessoas, mas são infelizes e não sabem por quê.

Capelatto – A distimia é um braço da depressão. Não é depressão, mas pode se tornar.

Martins Filho – Pode haver uma depressão leve, mas melhora com antidepressivo. Tive um paciente que era distímico e, depois de ser medicado com antidepressivo, chegou para mim e disse: "Cara, eu não sabia como era bom viver!". A partir daí, passou a ser uma pessoa maravilhosa. Antes era um chato, aquele cara briguento...

Capelatto – O maior problema da pessoa distímica não é o mau humor, mas seu modo de destruir suas conquistas. Por exemplo, ela deixa a profissão, ou deixa o namorado de quem tanto gosta e começa a namorar outro de quem não gosta, que talvez seja até violento. Até pouco tempo atrás a distimia não era reconhecida como um quadro específico, mas hoje já está até mesmo referida como doença no CID-10 F (Classificação Internacional de Doenças).

Martins Filho – Talvez todo mal-humorado seja distímico.

Capelatto – Existe um mau humor que é cíclico; esse mau humor que vem como consequência de algo e depois melhora é cíclico. O distímico é constante; a distimia é exógena, crônica e começa muito cedo, sempre na infância, em crianças normais, geralmente por causa de uma perda, de um luto não elaborado, por isso é diferente da depressão. Pode ser, por exemplo, o caso de uma criança cuja avó morreu e não deixaram que ela a visse; ou aconteceu um abuso que a criança não contou... Aí começa a vir essa resistência a deixar o prazer tomar conta, porque "se eu perder o ruim, não vou sofrer, mas se eu perder o bom, eu sofro". É uma descrença mesmo.

Martins Filho – Agora, uma coisa interessante é a complementação neurológica da visão psicanalista: por que a pessoa com distimia melhora com medicação, além do tratamento? É porque, provavelmente, há uma questão de ferormônios, de produção de substâncias específicas cerebrais que a mantêm em equilíbrio. Sei que é algo discutível, os psicanalistas debatem muito sobre isso. Mas, observando algumas pessoas que não conseguem viver em sociedade, percebemos que chega um momento em que, após tomarem medicação durante um tempo e fazerem tratamento, elas tendem a rever sua possibilidade, o metabolismo cerebral também se modifica e elas deixam de ser aquelas chatas briguentas.

Por exemplo, vou tocar num ponto que é terrível: a famosa tensão pré-menstrual (TPM). Dizem que a mulher fica violenta, pode até matar quando tem TPM. Mas a mulher que fica assim no período menstrual é aquela que já tem um substrato basal de doença emocional e que fica insuportável quando as questões hormonal e física pioram. Porque existem pessoas que nunca têm TPM e outras que querem até matar. Falo isso por experiência pessoal: conheci uma adolescente que apresentava esse problema; cuidei dela, encaminhei-a para um neurologista e ela melhorou bastante.

A questão é saber se todo indivíduo mal-humorado não é um portador de distimia em vários graus. Não estou querendo dizer que a TPM seja uma doença mental ou coisa parecida, mas sim que os sintomas de agressividade, depressão, irritabilidade etc. podem fazer parte de um quadro anterior de personalidade ou de sintomatologia emocional e que se agrava com as modificações hormonais.

Pode parecer que fugimos do assunto, Ivan, mas, na verdade, somos frequentemente procurados por pessoas que pedem nossa ajuda e, seja qual for a idade – crianças, adolescentes ou adultescentes –, o que fica patente é sua necessidade de alguém em quem confiar, com quem desabafar, com quem contar.

A família na origem do problema

Martins Filho – Na verdade, quando as crianças ligam para o terapeuta, quando ligam para mim ou para alguém que elas consideram autoridade, uma autoridade conquistada, estão buscando ajuda e apoio, sem dúvida, e acho que não podemos lhes negar isso, nunca.

Capelatto – Autoridade autorizada...

Martins Filho – Autorizada, conversada e até dialogada, dentro de outro princípio, em outra base, ou seja: respeito. Por exemplo, as pessoas costumam criticar as crianças ou os adolescentes, mas não fazem uma autoanálise, quer dizer, não percebem que o problema está na família. Às vezes lidamos com crianças que estão em risco, mas o pai e a mãe já estavam doentes antes. E aí, como resolver um problema quando o cuidador é o problema? Se a mãe é uma neurótica que quer competir com a filha e, aos 45 anos, vestindo uma minissaia, vai junto com ela para a balada, não há como colocar limites. Porque, se os pais começam a concorrer com o filho ou com a filha, como vão fixar limites, como vão dizer não? Então, uma coisa é a teoria, outra coisa é a prática. A prática tem que traduzir um pouco essa decisão, mas, para tomá-la, também é necessário ter uma maturidade continuada a longo prazo. Na verdade, chegamos à descoberta de que, provavelmente, todo mundo teria que ser analisado, porque todo mundo precisaria de análise.

O que as pessoas não percebem, muitas vezes, é que a situação é mais ampla, mais complexa, e não adianta tratar só aquela pessoa, mas tem que observar outras variáveis. Às vezes não adianta apontar soluções só para os pais, mas tem que acenar com soluções para aquela pessoa.

Aliás, esta é outra tendência das pessoas: acham que falar com o filho significa resolver a ansiedade dele e, assim, nem pensam em parar para refletir: "Por que essa situação é complicada?". Por exemplo, quando a família está separada e há competitividade entre os cônjuges. Infelizmente essa é uma situação terrível, pois haverá a tentativa de usar as crianças como moeda de troca – e isso é algo que vejo muito, sobretudo quando se trata de separação litigiosa. Quando a separação é consensual, as crianças aceitam muito melhor. Mas, se é litigiosa, se um dos cônjuges não quer a separação, ou, mesmo que diga que quer, comporta-se de modo agressivo e começa a jogar e fazer exigências, não permitindo que a consensualidade apareça, é visível como as crianças começam a "fazer" a patologia, começam a mostrar a divisão. Isto é muito comum: a mãe que fala mal do pai, e o pai que fala mal da mãe quando estão separados. E aí as crianças ficam numa situação muito complicada porque não têm uma autoridade em quem possam confiar.

Capelatto – Não têm a quem fazer o pedido.

Martins Filho – "Como é que eu vou pedir uma coisa para minha mãe, se meu pai diz que ela não presta? Como é que vou pedir para o meu pai, se minha mãe diz que ele é ruim? Como é que vou falar com o meu avô, se minha mãe diz que ele me quer mal e não me ama?" Essa é uma situação muito psicotizante – não sei se você, Ivan, concorda com a expressão –, porque faz com que essa criança realmente perca suas referências.

Capelatto – Só um detalhe: a somatização, hoje denominada somatose, só é possível em gente mentalmente saudável.

Martins Filho – Que ainda não foi destruída...

Capelatto – Que ainda não foi destruída psiquicamente. Quando as pessoas não têm mais saúde mental, elas não somatizam. É por isso que o psicopata nunca fica doente do corpo. Quando existe saúde mental, luz, lucidez, a dor psíquica não se transforma em neurose, em psicose ou outro transtorno da perda psíquica; vai se transformar em perda somática, numa fragilização corpórea – aí temos a ansiedade excessiva, as doenças chamadas autoimunes, sintomas dermatológicos como a acne excessiva, sintomas respiratórios e alérgicos, e muitos outros –, e o indivíduo consciente, lúcido passa a sofrer no corpo um "algo" psíquico.

Martins Filho – Isso mesmo, muito bem-colocado. Quer dizer, o médico fica tratando biologicamente. Ele sabe que o problema está lá: o paciente tem os linfócitos aumentados, tem **eosinofilia** etc. O médico receita anti-histamínico, corticoide e recomenda inalação, trata resfriado e dá vacina. Aí vai a um pediatra, depois a um pneumologista... Aliás, virou moda, a criança se cansa de ter resfriado e diz: "Não vou mais ao pediatra, vou ao pneumologista" – como se pediatra não soubesse tratar resfriado! Mas vai ao pneumologista e ele, continuando na mesma linha, recomenda: "Precisa limpar a casa, tirar carpete, tirar cortina, tirar tapete".

Isso tudo é verdade, só que o tripé de uma doença, principalmente imunológica e alérgica, é constituído dos seguintes fatores: o genético, que é a tendência, o biológico e o emocional. O emocional, muitas vezes, não é considerado, há certa resistência. E aí falo um pouco em nome da pediatria: é necessário ver esse lado do desenvolvimento emocional, cognitivo, psíquico-emocional e as fases do desenvolvimento biológico da criança; o fato de relegar esse aspecto a segundo plano pode, às vezes, retardar a solução de alguns problemas que poderiam melhorar muito, ou até ser sanados, se essa percepção do emocional e do psíquico fosse considerada dentro do contexto.

Capelatto – E a somatose é a última chance de fazer o pedido, porque depois não tem mais jeito. E, quando vai para o corpo, significa que o pedido psíquico já falhou. Então "faz" uma doença autoimune e aí...

Martins Filho – E aí, o que acontece? Deparamos com crianças, infelizmente, supermedicamentalizadas, ingerindo medicamentos em excesso. Antigamente, a medicalização para a área emocional, com tranquilizantes, antidepressivos, era dirigida mais ao adulto.

Há algum tempo, a pedido de um cliente meu de São Paulo, atendi a mãe de uma parente dele, vinda de outro município, a qual estava em pânico porque havia esquecido de trazer a receita do antidepressivo do filho de seis anos. Como ele tomava esse medicamento de uso controlado, pediu-me se eu podia dar a receita azul do antidepressivo. Fiquei espantado: "Nunca vi criança de seis anos tomando antidepressivo". E já estão ministrando. Aí a mãe conversou comigo: "Não, doutor, é que a gente não conseguia controlar o menino. Ele era impossível, ficava chamando a gente dia e noite, sem parar. Aí eu fui a um médico e ele deu antidepressivo para o menino". Um psiquiatra infantil. Deu medicamento porque achava que essa era a forma de controle. Eu nunca tinha visto antidepressivo receitado para crianças de menos de 14, 15 anos. Até existem indicações, mas são raras. O que eu vejo? Vejo o outro aspecto: o tratamento requer acompanhamento familiar e psicológico que demanda tempo, dedicação da família, persistência e certa capacidade econômica para custeá-lo.

Capelatto – E também a ideia de que tem de haver uma mudança, pai e mãe precisam tomar consciência. É um longo caminho de mudança de rotinas e de padrões de comportamento; ter atitudes mais afetivas com os outros, tolerância com os filhos. A mudança é muito difícil, pois sempre fica a sensação de perda; no primeiro momento, a pessoa não percebe os ganhos, pois seu narcisismo está ferido.

As falhas do sistema de saúde

Martins Filho – Outra coisa que está acontecendo nessa terceirização, nessa falta de percepção do problema, nessa recusa de assumir os filhos, foi concluída por meio de um levantamento feito por um colega com relação ao atendimento pediátrico: a grande maioria das crianças hoje, até os seus sete, oito anos de idade, já não faz a consulta rotineira com o pediatra. Quando tem algum problema, procura os pronto-socorros infantis. Enquanto a criança não manifesta algum sintoma diferente, a família não a leva ao pediatra. Não vai conferir crescimento, desenvolvimento, alimentação, puericultura, orientação escolar, desenvolvimento cognitivo, imunização, vacina. Quando a mãe chega em casa, a empregada avisa que a criança teve febre o dia inteiro, ou vomitou. A mãe a leva ao pronto-socorro – e é pronto-socorro noturno –, no qual ela vai enfrentar uma fila enorme. Aí o pediatra, que nunca viu a criança, pergunta: "O que ela tem?". "Está com febre". "Ah, isso é... Pode tomar **amoxicilina**. Próximo". E ele não vai pesquisar como está a criança, sua alimentação, sua escolaridade, seu desenvolvimento, seus amigos, se ela brinca ou não, como é em casa. Primeiro, porque a mãe, às vezes, nem sabe informar. E, segundo, porque o atendimento é rápido, a criança provavelmente não vai voltar, não vai ter continuidade com aquele médico que a está atendendo. Tanto é que os convênios médicos começam a se dar conta disso e os pediatras já estão se queixando da situação. Existe um grupo muito grande de crianças de classe média, particularmente da classe menos privilegiada, que não tem um pediatra. Se alguém pergunta a alguma delas: "Quem é seu médico?", a resposta costuma ser: "Ah, cada dia vou a um diferente. Tem um cara que me atende no pronto-socorro". Desse modo, os pediatras que estão sempre se atualizando e têm grande experiência não são consultados. Essa é uma tendência crescente, que ademais mostra que o cuidado com o desenvolvimento infantil está em segundo plano.

Capelatto – Interessantes suas colocações, Martins. A criança está querendo ser cuidada, mas é atendida por um "tio" que mal toca nela, não faz nem exame clínico.

Martins Filho – A fila está grande? Ele simplesmente faz uma auscultação, não é? Ainda tem 60 pacientes esperando atendimento.

Capelatto – Nesse tipo de consulta, o médico toca na criança apenas por meio de um aparelho, mas ela está querendo ser cuidada! Provavelmente, essa sintomática toda não vai passar com amoxicilina. Então, ou ela vai inventar alguma coisa, ou vai se machucar. Na Unicamp, recebemos crianças que se machucam para poder receber atenção. O que elas querem? A enfermeira, a "tia". Porque a enfermeira é atenciosa, brinca, faz não sei o que mais. E há também os hospitalhaços; daí, todo mundo quer ir para o hospital. Aquela famosa comida ruim de hospital acabou; agora existe uma nutricionista que monta um cardápio, e o sabor do alimento agrada à maioria. Veja, há hospitalhaços, as enfermeiras (que são carinhosas), as brinquedotecas etc. Então, o que acontece? A criança começa a buscar a terceirização do cuidado.

Martins Filho — E cabe aqui um desabafo, mas tenho certeza de que os colegas pediatras que lerem isso vão entender: o médico hoje é massificado e pressionado por um sistema de atendimento pediátrico baseado na produtividade. Mesmo os melhores convênios, até aqueles que se consideram éticos, exigem produtividade. Às vezes, numa manhã, é preciso atender 15 ou 20 crianças. São só dez minutos para cada consulta. Eu, por exemplo, no meu consultório, não faço convênio porque quero ficar cerca de uma hora com o paciente. Então, o que acontece? O pediatra não tem tempo de conversar com a cuidadora — seja ela quem for: a mãe, a tia, a avó, a babá — e perguntar: "Como foi o parto? Como a criança nasceu? Qual foi a sua sensação? Como ela cresceu? Quais foram as doenças dela no primeiro ano de vida? Quais as vacinas que ela já tomou? O que ela come? Como está seu desempenho na escola? Como está a vida familiar? Como está o pai? E a mãe?". Ensino para meus alunos de Medicina e para os residentes que isso faz parte da consulta pediátrica. Porém, quando eles recebem o diploma e começam a trabalhar para algum convênio médico, é exigido que atendam 60 pacientes que estão à espera. Logo, quando a mãe entra na sala do médico, reclama: "Doutor, tive de esperar por uma hora!". O médico se desculpa, explicando que há muita gente, e já emenda a pergunta: "O que seu filho tem?". Ela responde: "Está com dor de ouvido e febre". Ele conclui: "Ah, está infeccionado. Vou ver a garganta". Às vezes a mãe nem se senta. E o médico passa a ser o "receitador".

Em 2008, dei uma conferência intitulada "A criança do século XXI" na abertura da Jornada de Pediatria, na Faculdade de Ciências Médicas da Unicamp. Baseado em algo que li, mas também brincando, falei o seguinte: "Disseram-me que para discorrer sobre esse tema era suficiente eu apresentar uma pergunta e uma resposta assim: 'Como será a criança do século XXI? Obesa, revoltada e deprimida. Até logo e muito obrigado'". Essa é uma brincadeira terrível, mas por que me disseram isso? Primeiro, porque se perderam bons hábitos alimentares – há descontrole e falta qualidade. Segundo, porque a criança entra em depressão quando não é cuidada, quando a família é ausente. E, terceiro, revoltada porque não entende o que está acontecendo.

Freud já analisava essa questão em 1930, em seu livro *O mal-estar na civilização*. O que acontece? Quando a criança percebe que atrapalha, dá trabalho, incomoda, ela pede atenção insistentemente, para ter certeza de que é amada. Contudo, hoje é muito frequente que as pessoas não tenham "tempo" para lhe dar. Isso se traduz até no próprio atendimento. Uma consulta dura o tempo de uma sessão de psicoterapia. Freud não fixou 50 minutos para cada sessão de modo aleatório. O exame completo de uma pessoa tem que durar, no mínimo, o tempo necessário para o médico interagir com ela – e com o acompanhante, no caso de crianças – a fim de que ele entenda quem é o paciente que está examinando. Atualmente, os médicos não têm tempo para isso. Não pretendo criticá-los. É o próprio sistema de saúde, baseado na quantidade, que ocasiona tal situação. Note que estou enfocando a classe média, que ainda paga convênio médico. Imagine a realidade dessa população marginal que chega aos ambulatórios lotados, que tem de esperar três meses para ser atendida; ou que leva uma criança doente, com dificuldades de desenvolvimento neuromotor nunca diagnosticadas; ou que tem um quadro de anemia crônica; ou que sofre um processo crônico... e não dá tempo de conversar!

Capelatto – Ou aquela com meningite, que acaba morrendo.

Martins Filho – Essa situação reflete, sem dúvida, um mal-estar na civilização atual. O mesmo ocorre no caminho da teoria à prática: ao mesmo tempo em que se ensina medicina preventiva, antevendo que os bebês que estão diante de nós poderão atingir os 100 anos, o sistema ainda está emperrado dessa maneira.

Capelatto – O que contribui para a descrença. O médico fica descrente, e isso o leva a considerar que, se não pode fazer mais por seus pacientes, talvez seja melhor pelo menos cuidar de si e de sua família. Ou seja, preocupar-se em ganhar dinheiro e procurar ter prazer em outras atividades.

Martins Filho – Por vezes é acometido pela **síndrome de** *burnout*. Aliás, eu e alguns colegas de profissão temos refletido sobre o que vem acontecendo nas escolas de Medicina nos últimos anos. Nota-se que a pediatria tem sido menos procurada; a quantidade de residentes dessa especialidade é cada vez menor. Na época em que me formei, era uma especialidade muito disputada. Hoje há mais mulheres querendo fazer pediatria e a disputa pela residência é bem menor. Por vezes me pergunto para quais especialidades os estudantes estão migrando.

Capelatto – Possivelmente para áreas mais fáceis de lidar, em que o próprio paciente expressa o que deseja.

Martins Filho – Antes de ser médico, sou professor de Pediatria, e isto me chama muito a atenção: a diferença entre o ensinar e o fazer, quer dizer, ensinar uma coisa e fazer outra.

Existe um perfil de procedimento do médico: como examinar uma criança, como fazer a sua história, o que é necessário observar para chegar a uma hipótese diagnóstica, para não medicamentalizar.

Lembro-me de um professor de Pediatria da USP que fazia a seguinte recomendação: "A mãe precisa de um papel simbólico de que você está dando um atendimento. Não caia no erro de receitar remédio no papel. No papel, escreva: 'Recomendações'". Pois faço isso até hoje, meus pacientes sabem: "(1) alimentação: faça isso, isso e isso; (2) lazer: faça isso, isso e isso; (3)...". Aí, quando a mãe deixa o consultório, tem em mãos um receituário de cuidados. O símbolo da consulta é esse. Porque, se ela sai do consultório de mãos vazias, sem nenhuma recomendação do pediatra, ela considera que perdeu tempo.

Essa simbologia existe de fato. Contudo, o direito de receber um bom atendimento vem sofrendo restrições. Infelizmente, o médico hoje precisa atestar sua "produtividade", atendendo o maior número de pessoas possível em pouco tempo.

Capelatto – O que reforça a síndrome ou a era da descrença. Todos querem ser cuidados, receber atenção. Sou professor convidado no curso de especialização de Medicina da Família e ali dou aula para aqueles que vão atuar nos postos de saúde. Na última vez, havia um médico cheio de hematomas porque tinha sido agredido no centro de saúde. E sabe por quê? Porque estava demorando muito no atendimento.

Martins Filho – É, isso acontece com frequência.

Capelatto – Um outro contou que teve de deixar o cargo porque o traficante queria usar o posto de saúde, aos domingos, para promover reuniões. Como o referido médico era o chefe daquele posto, não permitiu e teve que sair de lá.

Então, é mais fácil percebermos como as coisas acontecem: o médico começa com todo aquele ideal – porque, para assumir um trabalho em um centro de saúde, é necessário ser muito cuidador, desprendido –, mas, em seguida, vem a descrença.

Martins Filho – Nessa linha do atendimento, e focalizando mais o atendimento pediátrico, o que percebemos também? Como o médico está pressionado por toda essa situação, ele começa a delegar, a terceirizar funções. Já fui procurado por pacientes que me disseram: "Eu fui no dr. Fulano de Tal, lá no meu convênio, e, quando contei que meu filho estava com dificuldade na escola, ele respondeu: 'Ah, isso não é comigo, a senhora tem que falar com um psicólogo. Vá lá, marque uma consulta'. Também falei da alimentação, mas ele já foi dizendo: 'Ah, isso não é comigo, é com o nutricionista'".

Ao longo do tempo, o médico foi perdendo a função de clínico geral, que fazia o diagnóstico e, diante de sua incapacidade em algumas áreas, encaminhava o paciente para um psicólogo, um psiquiatra infantil ou um especialista. Mas felizmente creio que há uma tendência na atualidade à recuperação dessa função do pediatra clínico, do puericultor. Tenho falado muito disso nas minhas palestras, porque, para mim, é um prazer assumir a participação integral e saber de meu papel de educador. Não é à toa que escrevemos livros, fazemos palestras, participamos de debates como este, por exemplo. É porque sentimos um enorme prazer não apenas em clinicar, tratar dos pacientes, cuidando deles, mas também em transmitir conhecimentos e experiências, em debater, conversar, enfim, em ajudar as pessoas a pensarem sobre o que elas estão vivendo.

Capelatto – Em outras palavras, gostamos de cuidar. A educação é uma forma de cuidado.

Martins Filho – Sem dúvida. Embora também seja verdade que o papel do educador comporta riscos porque, ao expor o que pensa, ele pode eventualmente ser malvisto pelas posições que defende.

Por exemplo, no meu programa *Conexão Brasil*, pela TV Século 21 (emissão a cabo), faço questão de levar também profissionais que discordam de meus pontos de vista. Quando sei de alguma crítica, convido para o debate alguém que tenha posição diferente da minha, para que assim possamos atender à proposta do programa, que é a de levar conhecimento para o grande público, informá-lo. Na televisão, sou impessoal, imparcial, falo do meu papel de professor. Considero fundamental falar e escrever sobre ciência, sobre conhecimento, de forma acessível, para que as pessoas tomem consciência, adquiram saber. Isso é um serviço e um cuidado também, que culmina com essa angústia de perceber que, às vezes, posso estar na iminência de perder a chance de fazer essas coisas da maneira como penso. Acredito que tanto a família que, após ver atendida aquela criança que apresentava um problema grave, fica amiga e eternamente reconhecida, quanto aquela pessoa que ficou insatisfeita porque o médico tocou em feridas sérias, tudo isso faz parte do universo do profissional. Digo isso porque uma experiência difícil no consultório é quando se tem a percepção de uma patologia psíquica e se sugere o encaminhamento. A mãe reage: "Espere aí. O que tem a ver a febre do meu filho com o fato de meu marido não estar cuidando dele? Não, doutor, não acredito nessa baboseira". E o pior é que existem profissionais que também pensam dessa maneira, que não aceitam essa visão do ser humano integral. Em pediatria, isso é fundamental. Uma pessoa que conheci, já falecida, e que me ajudou muito foi Dulce Marcondes Machado, psicóloga do Instituto da Criança da

USP. Ela escreveu muito, nos livros de pediatria, sobre os aspectos emocionais e suas implicações no desenvolvimento da criança. Você a conheceu, Ivan?

Capelatto – Não, não tive oportunidade.

Martins Filho – Há cerca de 30 ou 40 anos, ela já falava aos pediatras exatamente sobre a influência das emoções no desenvolvimento infantil. Quando leio textos que ela escreveu, percebo o cuidado que ela tomava ao falar desse assunto, com receio de tocar em questões controversas. Ela acentuava: "Olhe, preste atenção nisso...", sem certeza de estar dando uma contribuição significativa para a formação do médico pediatra – embora isso esteja mudando bastante. Os médicos pediatras, hoje, têm uma formação e uma visão do psicológico, do psicossomático, certamente bem mais avançada do que antigamente. A Dulce era uma pessoa que sempre respeitei muito, uma raridade na sociedade.

Acho que seria muito importante divulgar mais essa sua visão da questão do desejo, que você expõe tão bem, já que as pessoas, muitas vezes, não se dão conta de como isso é importante no desenvolvimento. E o diálogo? Acho que o diálogo também deve ser muito bem-explicado, porque não deveria ficar a impressão de que você nega que as pessoas devam conversar. Uma pessoa menos avisada poderia imaginar que é essa a sua opinião, e não é isso que você está colocando.

Capelatto – Não, claro que não. O diálogo está mais próximo de uma arte. A arte de ouvir e de permitir que o outro pense de modo diferente do seu. Também a arte de chegar a conclusões, percebendo que opiniões diferentes, às vezes contraditórias, podem ter pontos em comum.

A adolescência prolongada

Martins Filho – Outra questão que vem ganhando relevância nos dias de hoje é a dos adultos que querem prolongar a adolescência. Para eles, criou-se até um neologismo: adultescência.

Vemos famílias que consideram "normal" que os filhos não interrompam o vínculo. Alguns têm 25 ou 30 anos e continuam na casa dos pais: não se casam, não saem para viver uma vida independente e vão prolongando a estada na casa paterna indefinidamente. Há famílias que acham essa situação interessante e a aprovam porque pensam que pelo menos o filho está protegido.

Eu creio que isso é um fator complicador. Tenho observado que, nesses casos, o filho fica porque a família o protege excessivamente, pois entende que pode continuar cuidando dele, mesmo que esse filho esteja com mais de 30 anos. É um prolongamento da adolescência e uma não solução. Acredito que é realmente necessário estabelecer um tempo, uma data, fixar um limite e explicar: "Olhe, você está em casa, tentando a terceira faculdade! Vamos lhe dar um tempo: dentro de três meses você deve decidir o que quer fazer, no que vai trabalhar, porque está se esgotando a ajuda que podemos lhe oferecer, não vamos mais poder manter essa situação para você".

É necessário marcar uma posição séria. Geralmente, as famílias não fazem isso, não têm coragem de dar um aperto no filho, estabelecendo limites. Antes, o que dizem é isto: "Eu? Expulsar meu filho de casa? Ele não está atrapalhando, ele fica lá". E fica um cara com 40 anos dentro de casa como se fosse um jovem de 20, de 18 anos. Muitas vezes esse filho muda de emprego frequentemente, porque cresceu em um ambiente onde não havia dificuldade econômica, e ele sabe que, saindo de casa, não vai conseguir manter, com o seu emprego, um padrão de vida tão bom quanto o que tem com a família. Assim, ele prefere continuar nessa situação e a família fica prorrogando isso.

Capelatto – E há também um diagnóstico um pouco mais complicado. De um tempo para cá, as famílias investiram muito no desenvolvimento intelectual das crianças. Então, o que temos hoje? Um adolescente extremamente intelectualizado: fala diversas línguas, sabe computação, cursou uma faculdade, fez pós-graduação, mas não gostou e foi fazer outra faculdade... Porém, seu emocional regrediu. Ao longo da vida, o indivíduo atravessa fases: oral, anal, fálica, a latência, a adolescência etc., até atingir a vida adulta. Esse jovem está ainda na fase de latência – que vai dos seis aos 11 anos. Ele parou lá. Tem o intelecto superdesenvolvido, mas não possui o emocional suficientemente preparado para ficar com uma mesma namorada, para casar, morar num apartamento sozinho e se sustentar ou para ter um chefe. Ele não aguenta ter um chefe. Começa a trabalhar e em pouco tempo volta para casa: "Não, aquele cara é insuportável. Não aguento ficar perto dele". Agora, em casa, ele já não é filho, mas faz parte de um trio. Ele, o pai e a mãe compõem um trio. Os papéis se diluíram. Então, ele não passa de uma criança grande: é extremamente inteligente, mas incapaz de suportar os limites e as fronteiras entre ele e o chefe, entre ele e a empresa. E assim vai: faz a faculdade – geralmente é um bom aluno –, pós-graduação, termina o doutorado, aí começa outro curso...

Martins Filho – Ele troca, não é? Faz três ou quatro cursos.

Capelatto – Pois é, mas não aguenta um namoro, porque, nesse caso, ele teria que se dedicar à namorada. Em pouco tempo, ele já está cansado dela, porque ela quer atenção, insiste com ele para saírem. Assim, ele não consegue fazer vínculos permanentes, profundos. Não consegue cuidar da relação afetiva.

Martins Filho – Ele não rompe o vínculo primitivo com a família.

Capelatto – O emocional dele está estagnado, e seu intelecto, superavançado, superdesenvolvido. É o filho eterno, um super-homem: inteligente, fluente em várias línguas, viaja, mas não consegue ter autonomia emocional. Às vezes, acontece de perder o pai ou a mãe, e aí eclode neurose importante, muitas vezes até psicoses.

Antigamente, existia um mito segundo o qual gente muito inteligente ficava esquizofrênica. Não é verdade. O que havia eram casos, embora raros, de crianças que, pertencendo a famílias muito ricas, eram bastante estimuladas intelectualmente. O filho tinha professor particular de piano, de inglês, de francês, de latim, e ficava sob a saia da mãe o tempo todo. Ele se desenvolvia, mas dali a pouco, quando a mãe morria, ele "fazia" uma psicose, ficava esquizofrênico e acabava os dias no hospital. Há muitos casos assim.

Martins Filho – Não suportava o rompimento do vínculo primitivo.

Capelatto – Atualmente isso está voltando a acontecer. As crianças ganham computador, têm aulas de francês, de inglês, de não sei o quê etc., mas não fazem pedidos e ficam para trás, em profundo retrocesso. Mandam na mãe, naquela "mãe-serva". Se a perdem por algum motivo – se ela morre, ou desenvolve Alzheimer ou uma doença degenerativa –, é uma catástrofe. Tenho um conhecido, médico, cujo pai é falecido e a mãe começou a apresentar um quadro de distrofia muscular progressiva que se desenvolveu de forma muito rápida. Esse superintelectual, que escrevia, inclusive, para jornais – suspendeu em seguida essa atividade –, começou a "fazer" uma psicose: acha que está sendo envenenado pela empregada e coisas desse tipo. A mãe está com oxigênio e não fala mais, e ele já entrou num quadro mais que preocupante. É um superintelectual, mas possivelmente precisará de tratamento.

Martins Filho – Uma curiosidade com relação aos adultescentes é que, além de não romperem o vínculo primitivo com a família, eles mantêm os vínculos infantis com seus cuidadores. Por exemplo, conheço pessoas que, embora tenham mais de 30 anos, continuam a procurar o pediatra quando têm algum problema de saúde e fazem questão de ser atendidas por ele, no consultório. Não adianta encaminhá-las para um clínico, porque não há argumento que as convença. Continuam afirmando: "Mas você que é meu médico". Às vezes já são pais, mas, quando têm um problema pessoal de saúde, querem o pediatra. O pediatra é um clínico geral, é verdade, mas isso mostra essa não ruptura com os vínculos.

Capelatto – A dificuldade de sair desse quadro...

Martins Filho – É a família que precisa colocar o limite, isso que me parece interessante. O sujeito vai fazer a terceira faculdade: "Ah, não. Aquela lá não foi legal, agora quero fazer Administração... ou Fisioterapia". É necessário mostrar com clareza, para essas pessoas e para suas famílias, o que está acontecendo. Além do aspecto emocional, ao qual nos referimos, há também o econômico. Geralmente são famílias que dão mesadas muito boas para o filho, e, quando ele se torna adulto e tem que ganhar seu próprio dinheiro, percebe que dificilmente vai conseguir manter o mesmo padrão, sobretudo se se casar e principalmente se tiver filhos. Dessa forma, vai ter que ser sustentado. Há muitos que, depois que se casam, são sustentados pelos pais. E acham normal! Se lhe perguntam: "Quanto você ganha?", a resposta é: "Ganho R$ 8.000,00" – mas, na verdade, ele ganha R$ 1.000,00; os outros R$ 7.000,00 são dados pelo pai, pela mãe, pela avó. E vive e tem filho. E aí começa a incorporar essa renda dentro da própria vida, como se ela fosse um direito dele, como se o vínculo não devesse ter um fim.

Um questionamento que as pessoas costumam fazer é este: "Mas você não acha que esse aleitamento até dois anos preconizado pela Academia Americana, pela Organização Mundial da Saúde (OMS), não vai manter um vínculo prolongado, essas crianças não vão ficar dependentes?". Respondo: "Não, não acho. Pelo contrário. Quando chega o momento do desmame, a mãe progressivamente vai cortando o vínculo, vai se afastando e fica sem culpa".

Lembra-se da supermãe do Ziraldo, aquela que o fazia pegar o guarda-chuva em dia de sol, capa, galocha? Ela, provavelmente, não o amamentou e era superprotetora; com certeza deve ter tido muita dificuldade para romper o vínculo com seu filho e se transformou numa mãe superprotetora, que prolonga a sua relação com o filho: o filho tem sempre razão.

Piadas à parte, isso é uma coisa que realmente me preocupa, pois é muito comum em todas as classes sociais. Nas classes média e alta, fica muito evidente que os filhos moram em casa. Nas classes menos privilegiadas, um efeito disso é a violência, a criminalidade. Os filhos passam a usar esse vínculo não resolvido como um direito; então eles roubam, traficam, cometem crimes. Há famílias que não se dão conta dos pequenos roubos que os filhos cometem; às vezes os próprios filhos tiram dinheiro da carteira dos pais, desaparecem com algumas coisas, e os pais fingem que não estão vendo porque não sabem o que fazer. E tais filhos vão prolongando essa infância e dependência. Não arrumam emprego, não arrumam trabalho, trocam de faculdade a toda hora, nunca estão bem com o mundo, o mundo sempre lhes está devendo algo. "Como fui perder aquela infância maravilhosa... era só abrir a boca e alguém me atendia imediatamente, eu não tinha que correr atrás de nada, e eu não me dava conta de como isso era bom... não tinha carência nenhuma de afeto." É o mito do Peter Pan: a pessoa quer continuar sendo a criança eterna, sem Sininho, sem a fadinha que fica andando em volta. Sem superego. Essa é uma das coisas que ficam muito evidentes e que a gente percebe nitidamente. E o pediatra sente isso porque são seus pacientes de 30 anos de idade que querem continuar a ser atendidos por ele.

Capelatto – E o momento tem favorecido em muito o aparecimento de episódios como esse, porque a própria economia também está forçando a isso, não se arranja emprego tão fácil. Então de novo ocorre uma contribuição do social para que isso aconteça.

Martins Filho – E o empobrecimento das famílias, elas estão perdendo dinheiro. A classe média que vivia muito bem, que tem dois ou três filhos, está percebendo que não consegue manter o mesmo padrão para os filhos. Isso é muito complicado. Os pais gostariam de manter o padrão, de acordo com o que viveram: "Estudei no Colégio Tal, ou estudei no outro também muito bom e caro... e agora não vou poder pôr meus filhos lá também?". Fica impossível: se eles não ganham para isso, como poderão pagar? É complicado.

Isso é a adultescência que, curiosamente, na minha experiência, é mais comum no sexo masculino. Não sei por que, mas só tenho visto homens nessa situação. Até conheço uma família que viveu uma circunstância complicada com uma das filhas (portanto, mulher): a caçula, solteira, engravidou e nem ela nem o namorado tinham condição de se sustentarem sozinhos, já que ambos ainda cursavam o colegial. Os pais, então, abrigaram a menina com o namorado na mansão em que moravam, em um belo condomínio, cedendo uma suíte para o casal ficar vivendo com o nenê. Para os pais, a situação tinha caráter provisório: a filha e o namorado iam terminar o colegial, arrumariam um emprego, fariam faculdade à noite e iriam morar sozinhos. Pois bem, já estavam os dois cursando o segundo ano de faculdade, no período da tarde, e nenhum deles trabalhava porque era difícil arrumar um emprego em período parcial. Quando aqueles pais se deram conta de que a criança já estava fazendo três anos de idade e o casal ainda estava lá morando na suíte da casa deles, com direito a todas as mordomias de hotel, foi aí que se tocaram e quiseram começar a impor limites. O genro se revoltou: "Que desamor, não amam o neto", porque não se conformava em ter que se mexer. "Imagine, você não vai esperar a gente terminar a faculdade?" Só que os pais estavam percebendo que essa faculdade não ia terminar em cinco ou seis anos, porque os dois já tinham não sei quantas matérias em dependências (DPs), sabe? E, embora não tivessem outra obrigação que não fosse estudar, chegavam ao final do ano com DPs... para prolongar, não é?

E depois é o neto que começa a imitar o ciclo da superproteção e do vínculo patológico, porque é uma criança que tem duas mães, a avó e a mãe permanentemente... que, aliás, é uma coisa sobre a qual não conversamos aqui e vejo muito frequentemente. A avó que assume a maternidade, assume o papel de mãe, às vezes porque a criança está terceirizada, abandonada, mas às vezes porque ela é invasora mesmo e não abre mão de deixar essa criança ser livre com a mãe. E a criança tem uma dificuldade enorme em saber quem é a cuidadora, porque são várias pessoas. Às vezes, para confundir ainda mais, tem a mãe, a avó e a babá.

Eu tive um caso em que acontecia exatamente isto: na escola o garoto agride a professora e não obedece, não quer saber de limite, não quer saber de autoridade, não quer fazer lição de casa... mas vem de uma família em que a mãe é ausente, fica fora o tempo todo, é cuidado por uma babá que tem um nível intelectual relativamente baixo e só cumpre as obrigações básicas e por uma avó que assumiu um papel superprotetor e condescendente ao extremo, incapaz de colocar limite algum: "Coitadinho, coitadinho". Quando ele vai para a escola, enfrenta a primeira imposição e, como não está acostumado a isso, não consegue aceitar. Vivendo num ambiente em que todos os cuidadores fazem tudo o que ele quer, como ele poderia aceitar uma situação de cobrança, de ser exigido, na qual precisa submeter-se a avaliações, respeitar limites...

Capelatto – E precisa ser igual aos outros...

Martins Filho – Isso é outra coisa típica nesse desenvolvimento infantil e na educação dessas crianças.

Quando a pessoa adoece

Capelatto – Voltando agora ao tema do desejo, percebemos que essa criança não é desejada, é ela que tem os desejos. A avó não tem desejo, a mãe não tem desejo, a babá não tem desejo. Quando essa inversão acontece, o problema está instalado. Como expliquei antes, quando esse desejo não é visível, não é presente, temos o advento, o anúncio, o protótipo de alguma psicopatia.

O que é o psicopata, essa pessoa que sofre de um transtorno grave de personalidade? É o indivíduo que cresce sem a possibilidade de fazer vínculos afetivos; é o narcísico, o hedonista incorporado: o que importa, antes de qualquer outra coisa, é o *meu* prazer. Então, ele tem três anos e alguém vai lhe dizer que tem de fazer lição de casa? Ele simplesmente se recusa. E assim vai: com cinco anos, sete, nove, onze... E chega a adolescência, entram em ação os hormônios sexuais. Nessa etapa, ele não faz vínculos afetivos, mas vínculos sociais, utilitários. Não pertence a um grupo, mas participa de vários grupos e os usa de acordo com seus interesses.

Quais são os sentimentos fundamentais de uma criança como essa? O que esse garoto vai sentir no futuro? Vai sentir inveja. Se uma criança tem uma canetinha e ele não possui uma igual, ou a avó vai lhe dar uma para que ele se acalme, ou ele vai pegá-la da outra criança, como se tivesse direito a isso. Ele se sente provocado para fazer isso. Ou, ao perceber que gosta de alguém que não gosta dele, vai tentar destruir a outra pessoa – moralmente, se for um pouco mais contido, ou fisicamente, se for extrovertido.

Então, o que temos hoje em dia? São impressionantes os relatos da OMS e da Unesco. Por exemplo, a menina bonita rejeitou o psicopata; ele joga ácido produzido por ele mesmo em casa com cândida e mais alguma coisa, deformando o rosto dela, ou risca-lhe o rosto com navalha, ou manda matá-la. Outro caso: a diretora da escola dá uma bronca na classe. A seguir a classe, liderada por um psicopata, destrói a escola ou agride fisicamente a diretora. Já estamos quase nos acostumando a isso, não é? O noticiário está recheado de histórias do gênero.

Testemunhamos o aparecimento desse indivíduo que é vítima da condescendência. Essa é a patologia que essa criança vai desenvolver.

Martins Filho – Você expôs uma questão crucial, Ivan. Na escola, a principal queixa relativa a esse tipo de criança é exatamente esta: ela não tem o mínimo respeito pela autoridade da professora, é violenta, ataca os colegas e a professora, não obedece a ninguém, não cede a ninguém. E, só para concluir, uma coisa que me impressiona muito e que confirma as terríveis informações que temos: crianças violentadas vão ser violentadoras; crianças violadas vão ser violadoras. Analisando assim os fatos, percebemos que eles nos vão levar ao horror que é a pedofilia. Ivan, lembro-me de que você colocou isso uma vez num debate que achei interessantíssimo. A pedofilia é, provavelmente, praticada por gente que sofreu abuso e aumenta em progressão geométrica.

Capelatto – Há pouco tempo a revista *IstoÉ* publicou uma reportagem sobre os psicopatas, segundo a qual em cada 25 brasileiros pelo menos um é um psicopata assassino.[3] Os outros são psicopatas que ou querem tirar a mulher do outro, ou, guiados pela inveja, denigrem a imagem de um profissional ou de algum desafeto seu. Também indicou alguns sinais de como identificar o psicopata. Entre outros, relaciona como provável psicopata a pessoa que assedia alguém da família que ele frequenta, ou tenta levar o amigo ou a amiga para um vício, ou rouba coisas da casa – um DVD, um CD etc.

Assim, fazer diversas cópias de um artigo como esse e reunir pessoas para ler e conversar sobre o seu conteúdo é promover diálogo usando um terceiro elemento. Quando não usamos o terceiro elemento, ficando só na tese-antítese, tese-antítese, tese-antítese, tese-antítese, nunca chegamos à síntese. O terceiro elemento serve como síntese. Então, vamos pensar:

---

3. Suzane Frutuoso. "Psicopatas: Eles estão entre nós". *IstoÉ*. São Paulo, ed. 2.034, ano 31, 29/10/2008.

eu preciso dizer aos pais que uma criança pedinte é sadia. Preciso mostrar que isso é verdade, que uma criança é pedinte porque é sadia. Preciso dizer aos pais que, na hora da decisão, temos que ser duros. Depois, sim, podemos chamar o filho e ensinar o que é eletricidade; dizemos não para a *rave*, mas depois podemos pegar a reportagem sobre o jovem que morreu durante uma festa de sua faculdade em São Paulo ou sobre aquele outro do Rio de Janeiro que sofreu uma parada cardíaca causada pelo uso excessivo de cocaína, vindo a falecer. E aí até o convidamos para ver vídeos que ilustram bem essas festas que costumam ter finais trágicos. Sempre o terceiro elemento. O diálogo precisa do terceiro elemento. Senão ele se firma como contenda, e não como diálogo.

Martins Filho – Sem dúvida. Na verdade, é uma teoria meio complexa, mas significaria o seguinte: a permissividade, a falta de colocação de limites, a falta de responsabilidade, a terceirização dos cuidados, tudo isso vai criando uma sociedade cada vez mais violenta e mais permissiva, com festas camicase, como você relatou, Ivan, com autoagressão, com índice progressivo de suicídio. As pessoas vão tomando decisões complexas e rejeitando as responsabilidades sociais. E, mais, ouso colocar um outro ponto que é interessante: na maior parte das vezes, as pessoas, diante da falta de possibilidade de um tratamento eficaz e real, com base científica, acabam escapando para tratamentos paliativos, como vemos por aí: as seitas, as religiosidades totalmente sem controle, a procura de soluções mágicas para os seus sentimentos.

Capelatto – Mas aí entra outro aspecto: o psicopata narcísico busca sempre o poder. Para isso, ele traz e conserva essas pessoas em sofrimento para poder manter a instituição, que é o que observamos em algumas religiões e seitas. Porque, se ele as salva, a seita acaba; assim, a solução para ele é mantê-las em sofrimento. Não é à toa que vemos essa enorme quantidade de religiões. Existe o culto à droga, o culto a certas ervas ou ritos com sangue, o culto a não sei o quê...

Martins Filho – Há sacrifícios humanos, crianças sendo imoladas. Ivan, você soube da história da criança albina que foi assassinada?

Capelatto – Sim, porque há a crença de que seu sangue é mais puro por ela ser albina. E tem também aquele outro caso da região norte, em que a criança tinha que receber 33 facadas porque 33 é a idade de Cristo e é o número de vezes que a Terra já foi salva. Quem faz isso? Um psicopata. Ele abusou da criança antes e depois a matou para fazer o sangue escorrer por não sei quais locais específicos. O psicopata está tomando conta dos espaços onde existe poder: a política, a religião, a ciência. As consequências são terríveis.

Quando a sociedade adoece

Capelatto – Temos uma sociedade que adoece, o que leva as pessoas a lerem livros ou assistirem a palestras de autoajuda. Outro dia fiquei assustado com um livro desse tipo, que defendia que a pessoa deve ser egocêntrica e não permitir que o filho tire o seu tempo. Fiquei realmente assustado. Como assim, o filho não pode tomar tempo dos pais? Mas se ele já existe!

Martins Filho – Isso toca num ponto que me sensibiliza muito. Tudo que tenho pensado, escrito e falado ultimamente é fruto de uma percepção de 40 e poucos anos de clínica. E o que constato é a crescente desvalorização do ato de cuidar do outro. Quer dizer, na verdade, está se desvalorizando o ato de cuidado da prole, que significa a perpetuação da espécie. Isso é suicídio coletivo, as pessoas se matando sem perceber. O que acontece quando você não cuida bem da sua prole? Qualquer animal cuida! Se aparece um elefantinho, a mãe aliá está lá; um tigrinho, a mãe tigresa está lá... e o ser humano está começando a deixar de fazer isso!?

Será que é para pensarmos que realmente não existe o tal instinto materno, como certa vez argumentou uma jornalista: "Você está enganado, não existe mais instinto materno"? Primeiro, essa discussão sobre o que é instinto materno é muito longa, mas o que fica é a impressão de que ter um filho e ser responsável por ele são duas realidades que estão se desvinculando. Como se a pessoa só tivesse a responsabilidade de parir.

Eu sempre falo que existem três mães fundamentais: a mãe que gesta, a mãe que pare e a mãe que cuida. O ideal para a criança é que a mãe seja tríplice, porque, de tudo o que temos visto, concluímos que há a mãe que gesta e a que pare. E pare artificialmente, porque 80% dos partos são cesáreas, ou seja, nem o parto natural as mulheres querem mais. E a mãe que cuida está desaparecendo, porque essa é uma função que ela está delegando.

Sem querer fazer generalizações – é evidente que há ainda pessoas que cuidam –, minha observação vai além do simples ato da pessoa e depara com um significado macrossocial, que é o que você, Ivan, falou sobre o mal-estar. A vontade de viver intensamente o imediato e de negar qualquer coisa que impeça essa satisfação está ficando muito clara, porque a criança vai lhe trazer limitações. É aquela história da vaidade extrema das mães. Em alguns lugares, já há propostas assim: a mãe acaba de dar à luz por meio de cesárea e aproveita para fazer uma lipoaspiração, eliminando os 12 kg que adquiriu na gravidez. Podemos constatar isso em algumas artistas: mal acabam de dar à luz e já estão com o corpinho pronto para rebolar na televisão. Como? E a questão da amamentação também faz parte desse quadro de exibição: "Este é meu filho, olhe que lindo" – em seguida, entrega-o para a babá ao lado e continua na sua vida de sempre. Perdeu-se essa necessidade, essa responsabilidade de cuidar do desejo; quer dizer, se eu tive o desejo de ter um filho, tenho que cuidar.

Capelatto – Não, mas não tem desejo. No livro que fiz para o Unicef,[4] a primeira parte tem o seguinte título: "Por que ter filhos... Por que não tê-los", que é quase uma provocação para levar as pessoas a pensarem: desejo ter um filho? O que significa o desejo de ter um filho? Quando um filho vai dar prazer? Não sabemos. Ninguém sabe quando um filho vai dar prazer. Talvez nunca.

Martins Filho – E às vezes vai dar desprazer. Aí reside a diferença entre o desejo de ter filho e o desejo de ser mãe, de ser pai.

Capelatto – É, porque ter filhos pertence a um contexto social: "Eu tenho filhos". Algumas pessoas não conseguem perceber que o filho tem vida própria, vai pensar por si mesmo um dia e, se não for cuidado adequadamente, pode adoecer e adoecer outras pessoas também.

---

4. Ivan Capelatto, David Moisés e Ângela Minatti. *Prepare as crianças para o mundo.* Unicef, 2006.

Martins Filho – Isso fica claro ao abrirmos o jornal. Tenho até uma coleção desses artigos: "Fulano e Fulana comunicam a seus amigos que no dia 14 de dezembro, às 10 h, estarão dando à luz o seu filho, que nascerá no mesmo dia em que o vovô Fulano de Tal nasceu". Isso está sendo publicado. Marca-se então uma cesárea. Às vezes, precipita-se um parto prematuro, que pode até resultar numa criança doente. As pessoas não se dão conta de que a concepção foi transformada num ato social de representação, em vez de ser um momento especial da vida pessoal e familiar. É a exposição total. A pessoa expõe sua vida afetiva a fim de usufruir dos dividendos sociais que isso acarreta, como se fosse algo muito interessante.

Capelatto – Creio que nem caberia o adjetivo "afetiva" nesse caso, não é?

Martins Filho – É verdade. Fico impressionado.

Outro aspecto que me chama muito a atenção: como, por uma questão econômica de sobrevivência profissional, as pessoas entram nesse jogo. Todos sabem que uma cesárea é complicada, procedimento que só deve acontecer por indicação médica, pois pode ser muito importante, útil e até imprescindível em alguns casos, mas que em 90% dos casos é indicado o parto normal, como em qualquer país do mundo (exceção feita ao Brasil). Pois não é que, apesar de tudo isso, muitas mulheres *optam* pela cesárea? E hoje há um discurso assim: "Vamos, o meu obstetra é ótimo. Discutimos sobre o assunto e ele disse: 'A decisão é sua, querida'". Como assim "a decisão é sua"? Cabe ao médico advertir: "Minha senhora, o parto normal é muito melhor para a senhora e para o seu bebê. Evidentemente, se houver alguma patologia, vou fazer uma cesárea, mas será uma resolução médica para não ter problemas". Isso está escamoteando uma desagradável realidade: para fazer um parto normal, são oito ou dez horas que o médico despende com a mulher no hospital; a cesárea é feita em meia hora e pronto, missão cumprida.

Capelatto – E voltamos à questão fundamental que está em jogo – o problema do dedinho na tomada, a questão da gravidez, do parto e do cuidado – que é o desejo. Não vemos pessoas com desejo. As ações não nasceram do desejo. É mais ou menos assim: "A nossa vida está tão chata... Será que uma criança não vai melhorá-la? Vamos comprar um *poodle*, um vaso ou vamos ter um filho?"; ou: "Todo mundo encontra com a gente na rua e pergunta: 'Vocês não têm filho ainda?'".

O que não temos mais nesta sociedade da era da descrença? Não temos desejo. Trabalhamos a semana inteira e, quando chega o sábado, o que vamos fazer? Porque parar e contemplar, só contemplar, isso não é programa. Temos que fazer alguma coisa que dê fechamento ao dia, então... vamos ao *shopping*. Ou temos que adquirir alguma coisa utilitária: "Eu comprei". Ou temos que espairecer de forma diferente: "Fui até a praia... só que não tinha lugar nem para colocar o guarda-sol, fiquei oito horas na estrada para ir e 12 para voltar, mas fui até a praia". É um prazer mentiroso, como é um prazer mentiroso o filho. A pessoa não sabe se vai ter prazer. Pode ser que a criança nasça com algum problema, alguma síndrome, porque nem sempre é possível ver, pelos exames, se há algum defeito específico. É um problema orgânico com muitas relações causais, ainda não temos condição de prever isso.

Martins Filho – Só para concluir, volto a uma questão à qual já nos referimos, mas que creio merecer uma reflexão mais cuidadosa. Atualmente, podemos observar que as mulheres se tornam mães ou muito jovens ou com idade avançada. Antigamente, quando eu passava visita na maternidade de Campinas para ver meus pacientes, se a mãe tinha mais de 30 anos, comentávamos: "Olhe, é uma primigesta idosa". Era considerada velha, pelo menos para ser mãe, a mulher que tinha o primeiro filho com 30 anos.

Hoje, com a obstetrícia moderna, as coisas mudaram, e as mulheres optam por ter filhos com 35, 36 anos por causa do trabalho, da formação. Mas o que também vemos são casais que não querem ter filhos, praticamente se bastam e querem assumir a felicidade a dois; mas, quando vão chegando ao ponto de decisão, que é o ponto da cobrança social ou do "brinquedo" que dizem que precisam adquirir, aí resolvem ter um filho.

Não são poucos os casos, como afirmei. Aí nasce um bebê de uma mãe de 40 e de um pai de 42 que já não estão, cá para nós, dispostos a acordar cinco ou seis vezes durante a madrugada e a correr atrás de uma criança que começa a andar. E, pior, quando o filho tiver 15 anos e for para as baladas, os pais, já perto dos 60 anos, vão ter disposição para levá-lo e buscá-lo? Se tocamos nessa questão, somos censurados, porque isso é preconceito. Mas é verdade. É muito mais difícil cuidar de um adolescente quando a pessoa tem 65 anos de idade do que quando tem 50, que é a idade normal de ter adolescentes em casa. Então, o casal viveu 12 ou 15 anos numa vida de dupla, fazendo o que queria e quando queria, saindo para passear e para viajar, levando uma vida sexual sem restrições, tendo liberdade para tirar férias e, de repente, aparece um terceiro "cara", o filho – que os dois imaginavam que completaria o ciclo da felicidade deles, e eles passariam, a partir dali, a ter todas as condições para serem felizes com esse terceiro. E não. O que acontece é que eles não podem mais ir aonde querem; para saírem à noite, têm que ficar telefonando para ver quem pode ficar responsável pela criança; ou a criança vai acordar no meio da noite; enfim, a mãe começa a enfrentar outras dificuldades e, às vezes, isso se materializa na consulta pediátrica. Ela chega para o pediatra e diz: "Ele chora". Nesse momento, sempre brinco: "Vou contar um segredo para você, um negócio difícil, mas, por favor, não conte para ninguém: criança chora. O comum é que ela chame, queira atenção, e você tem de ir lá cuidar, tem de ir lá amamentar".

Capelatto – Por isso repito: o filho é um prazer mentiroso. A pessoa nunca pode ter certeza se vai ter prazer.

A adoção

Martins Filho – Há outro aspecto aí que é a questão da adoção. Quando o casal não tem filhos, ou resolve não tê-los – e algumas mulheres estão assumindo isso: elas não querem a gravidez, mas querem ter o símbolo da maternidade–, aí vem a procura do filho adotivo. Atuei bastante nesse campo e sempre sofri com isso, principalmente porque eu fazia lactação adotiva e ajudava algumas mulheres, que não engravidaram, a ter bebês e a amamentar. É uma técnica que desenvolvemos na Unicamp e depois correu o mundo; hoje se faz em todo lugar, mas fomos nós que começamos.

Sou muito procurado por mães que adotam bebês e querem que eu as ajude a amamentar, fazendo lactação adotiva. Aí vem a mãe e ela quer mágica: "Martins, queria amamentar, me sentir mulher e sentir que o nenê suga do meu peito". Concordo, mas aviso que isso implica uma técnica especial. "Não precisa tomar hormônio?", é a pergunta frequente. "Não, só a sucção vai aumentar a prolactina, mas tem uma técnica: você tem que ir ao banco de leite materno na maternidade, trazê-lo e adotar corretamente a técnica a cada três horas durante a noite com..." "Mas tudo isso? Não é só botar o nenê no peito e ele já mama?" "Não, não é. Isso implica trabalho, e trabalho intenso." E as pessoas vão se dando conta, passo a passo, da dificuldade que é assumir esse dever de mãe e pai.

Capelatto – E que o desejo – que era ter o leite para dar – não é tão intenso quanto ela pensava.

Martins Filho – E às vezes desiste da lactação adotiva. Também surge a questão de que criança adotar. É um verdadeiro problema quando as pessoas que se candidatam à adoção manifestam a vontade de receber uma criança parecida com o pai ou com a mãe, tendo, então, um determinado perfil: branco, ou mulato, ou negro, ou loiro, olhos azuis... e todo o mundo resiste a adotar crianças maiores.

Este é um país invertido na questão da adoção. Porque, em vez de a adoção ser uma saída para uma questão social que é encontrar uma família para a criança abandonada, passa a ser uma saída para pessoas que, em busca de um desejo novo e de felicidade, trazem alguém novinho para satisfazerem a si próprias. Está invertida essa história! Vemos, então, dezenas de orfanatos, com milhares de crianças que não têm ninguém, e, se lhes fazemos uma visita, as crianças, extremamente carentes, chegam a grudar na nossa perna! É muito doloroso ir a um lugar onde ficam essas crianças, porque elas nos olham e se agarram a nós pois precisam disso, precisam de uma afetividade que não têm. Um dos problemas seriíssimos dos abrigos para crianças é o fato de não terem presente o sentimento da maternidade, da paternidade, o afeto. Elas também têm um desejo, e esse desejo não está realmente resolvido.

Sempre analisei isso no sentido da percepção, de procurar ver o que está realmente acontecendo. Acho que as pessoas não se informam. Há algum tempo um casal me procurou porque adotou um bebê e queria fazer lactação adotiva. Os dois foram ao consultório e comecei a trabalhar com a mãe para ensiná-la a usar o aparelhinho chamado *Lact-aid*, que foi desenvolvido na Inglaterra. Conversei com a mãe e ela me contou que eles tinham adotado o bebê, mas não fiquei sabendo dos detalhes. Dei assistência à criança durante uns 15 dias, tentando ver se ela lactava. Pois bem, 20 dias depois da adoção, o casal ligou para mim, chorando, porque a mãe natural, arrependida de ter dado o bebê, havia tomado a criança de volta. Aliás, só então soube que não havia nada legalizado, apenas conversado. Na realidade, o que foi isso? Foi coisificação. Essa criança foi um objeto, passível de troca: você dá para mim que eu cuido. Isso é uma coisa muito complexa também, pois percebemos que o bebê é um objeto que começa a preencher essa necessidade de desejo – fator que, às vezes, vemos e que na adoção nem sempre é levado em consideração.

Capelatto – Mas a grande questão do desejo é assim: a descrença vai fazendo com que o desejo não apareça. Surge a necessidade: eu quero um filho, eu quero um carro, eu quero ser um bom médico – mas o desejo, que é a mola propulsora de minha ação, que me move e me leva à luta, não aparece. O desejo fica acima da frustração, sempre acima dela. E hoje não temos essa coisa que fica acima da necessidade. Necessidade é esse imediatismo. Então: "Vamos ter um filho?". "Vamos." E, de repente, essa gravidez começa a demorar, incomoda. "É uma amolação, puxa vida, atrapalha na cama, estou gorda..."

Martins Filho – Porque a mulher certamente vai ter barriga grande, vai engordar, ganhar uns 12 kg, flacidez...

Capelatto – Onde está o desejo? O desejo não existe. "Vamos fazer macarrão com queijo e cogumelo?" "Vamos." Ah, mas aí tem que buscar o cogumelo, e pôr a água para ferver, e... "Já sei, vamos comprar aquele que já vem pronto!" Esse *fast* foi matando o desejo. E justamente o trabalho, que devia constituir prazer – o trabalho é prazer: construir a casa, ir atrás do piso, ir atrás das coisas –, virou estresse.

Agora, voltando para o tema da maternidade e da paternidade. Qual é o prazer? O prazer de ter filhos é cuidar deles. Qual é o prazer que o filho traz para o pai saudável, lúcido? É vê-lo cuidado. Quando um filho realiza alguma coisa – por exemplo, o filho foi bem na escola, ou o filho tem saúde, ou se saiu bem em alguma coisa... –, isso é o lucro, a compensação. Mas o prazer tem que estar – lembrando um pouquinho de **Winnicott** – na minha suficiência para poder cuidar dele, algo difícil de passar para as pessoas.

Martins Filho – Já que você mencionou Winnicott, Ivan, confesso que sou apaixonado por ele também. É nele que me inspiro quando falo sobre vínculo. Ele mostrou que a relação entre mãe e filho é tão importante, tão fundamental nessa dualidade, que o terceiro indivíduo praticamente some na história, o que é muito interessante. Winnicott tem uma frase de que gosto muito: "É possível que a capacidade de ser feliz" – não sei bem o que ele quer dizer com isso – "dependa de um tempo e de uma pessoa". Esse tempo é o primeiro ano de vida, e essa pessoa é a mãe. É um negócio brutal, de uma enorme responsabilidade para as mulheres, mas que é muito interessante e que tenho comprovado na prática profissional. Quer dizer, aquela mãe acolhedora, mãe "regaço", que acolhe e recebe, mesmo que seja ignorante, que não tenha cultura, mas que beija, abraça, pode até deixar o nenê sujinho, talvez com assadura, às vezes o moleque chega a comer coisa do chão... mas ela é afetuosa. E aquela sua receptividade forma pessoas muito menos doentes. Entretanto, a mãe rigorosa, autoritária, asseadíssima, rompe esse vínculo e isso é traumático – e acredito que não é só o rompimento do vínculo no primeiro e segundo anos de vida que traumatiza, mas é a continuidade disso que causa essa patologia que temos visto.

Perfeito isso que você falou, Ivan, concordo integralmente com essa questão do filho: é o cuidar, o cuidar, o cuidar, o ter trabalho, o sofrer, o acordar de madrugada, bem próximo daqueles famosos versos que hoje as pessoas rejeitam: "Ser mãe é padecer no paraíso, é desdobrar fibra por fibra o coração (...)".[5] Pode até ser um exagero, mas a sabedoria popular comprova. Por isso, uma das piores coisas que podem acontecer para uma criança, para um ser humano, é perder a mãe nessa fase. A perda da mãe nos primeiros anos de vida é uma circunstância brutal para a subsistência.

Capelatto – Isso vale para os mamíferos, para os bichos também. E aí, veja, onde nasce o desejo? O desejo humano nasce do desejo de ser desejado. Essa coisa psicanalítica vem justamente disso. De onde nasce a autoestima? Do fato de ser desejado. A mãe complacente é aquela que mata o desejo do filho e faz nascer um psicopata, que é o menino que talvez, um dia, mude totalmente sua conduta, tornando-se destrutivo com as coisas e pessoas ao seu redor. A mãe que cuida é a que foi lá, pegou aquele menino, porque ele já foi até aquela tomada oito vezes, querendo pôr o dedinho ali, e falou: "Não quero que você faça isso"; voltou a pegá-lo e falou: "Não quero que você faça isso".

---
5. Versos do poema "Ser mãe", de Coelho Neto, citados livremente.

Existe uma história indígena muito bonita a esse respeito: a mãe fica fazendo lagartixas de barro e o menino as quebra. A mãe faz, o menino quebra; ela faz outra, ele quebra de novo. Mas chega um momento em que o menino não quebra mais a lagartixa. É como se a mãe dissesse: "Eu tenho o desejo. Você não precisa ter desejo nenhum. O desejo é meu, e você não vai tocar naquilo". Ela não bate na criança, não a pune, não tenta lhe ensinar o que é choque – atitudes que só aumentariam o desejo.

Martins Filho – Este é outro equívoco: deixe-o fazer o que quiser e ele vai aprender, você não acha, Ivan?

Capelatto – É, deixe que ele vá lá e aprenda. Mas, e se ele gostar? Vai se tornar um masoquista, um suicida. Então é assim que as coisas funcionam – e acontece mesmo.

Portanto, essa questão do desejo é assim: eu sou suficiente para gostar de cuidar – que é diferente de eu sou suficiente para gostar dele. Percebe a diferença? Gostar de cuidar dele é diferente de gostar dele. O que eu posso fazer pelo meu filho? Gostar de cuidar dele. Porque às vezes eu não gosto dele, às vezes tenho vontade de jogá-lo pela janela, mas vou cuidar dele.

Martins Filho – Tem outro fato que é muito interessante. Há mães que nos dizem: "Eu gosto tanto dele que dá vontade de comer, de morder". E às vezes morde:

morde a bunda, morde a barriga, morde a bochecha, que é uma coisa de deglutir, de voltar para dentro, antropofágica. Porque dentro eu cuido sem muito trabalho. Isso é muito comum, essa história de "adoro tanto meu filho que tenho vontade de comê-lo". E outra mania gozadíssima que a gente vê nesse crescimento, nesse desenvolvimento, é projetar no filho os defeitos e as negatividades das pessoas da casa. Então, quando o menino faz alguma coisa errada, ela diz: "Só pode ter aprendido com o pai. O pai que é assim. É a cara do pai esse negócio aí". E o pai fica o responsável pelas coisas ruins. E vice-versa.

Capelatto – Você quer dizer, Martins, que falta preparo, falta conhecimento.

Martins Filho – Não que eu acredite que as pessoas todas devam ter formação psicanalítica, psicológica e pediátrica para ser pai e mãe, seria um absurdo pensar isso. Por outro lado, é incrível como uma das coisas mais importantes da sociedade humana, que é a responsabilidade por outro ser, dependa de conhecimentos às vezes aleatórios e influenciados por uma cultura que é hoje violenta, suicida e hedonista. Ou seja, as pessoas estão vivendo num mundo em que acham que a criança tem que aprender sozinha e que elas não podem ser responsabilizadas pelos equívocos. E nós podemos ver que, quando não se resolve esse problema e se mantém esse vínculo malresolvido, isso perdura até a idade adulta. Estou cansado de ver pais, cujo filho é um adulto perverso, que ficam se culpando: "Mas eu falei que isso ia acontecer, era você que fazia isso com ele, era você que fazia aquilo...". Isto é, as pessoas voltam ao passado, identificam dificuldades e se sentem culpadas pelo que está acontecendo com aquele indivíduo na idade adulta. E às vezes são mesmo, mas não quero que elas tenham sentimento de culpa. É uma percepção, mas é uma percepção tardia, como se elas só tivessem tomado consciência do problema depois do acontecido e não no momento em que estava acontecendo.

Ainda nessa linha também me ocorre o seguinte: como se pode trabalhar esse grau de... quase um *insight*, quase uma percepção. Porque isso não é só algo consciente, mas depende também do inconsciente. Como desenvolver isso no ensino formal? Isso não se ensina, entende? Não dá para fazer uma escola de pais e explicar: "Então é assim. Tem o desejo...". Não, temos de contar com a resistência pessoal, com as dificuldades que as pessoas têm de assumir isso e com as suas vivências pessoais.

Quando fiz análise, de vez em quando eu falava certas coisas que levavam meu analista a brincar comigo: "Bom, se você continuar assim, vai chegar em Adão e Eva. Você vai voltando e jogando a culpa no pai, na avó, no bisavô... Então você vai chegar lá".

É evidente que não adianta culparmos as gerações anteriores pelas dificuldades que estamos vivendo agora e pela forma como estamos trabalhando isso. E por essa razão converso muito com as pessoas. Mas também devemos ter o cuidado de não feri-las. Nesse trabalho de aleitamento materno que fazemos há muitos anos, inclusive com muitos profissionais que se formaram conosco, percebi que, num determinado momento, os meus residentes da Unicamp às vezes chegavam para uma mulher que, por uma série de circunstâncias, tinha desmamado o seu filho com quatro ou cinco meses e davam uma dura: "Olhe, ele vai ficar doente, vai ficar infectado, a culpa é sua." Não faça isso, pelo amor de Deus! Isso é consequência de um processo muito complexo. O que se faz necessário é, no momento adequado, ajudar essa mãe a vencer sua dificuldade, a compreender as dificuldades da não lactação e da aceitação ou não do processo. Isso é pediatria.

A mente no comando do corpo

Capelatto – Já falamos sobre agressividade e medo. Martins, falando para um público mais amplo, poderíamos abordar agora o tema da autoimunidade, o que pode ocasioná-la.

Martins Filho – Biologicamente, o conceito de autoimunidade é o desenvolvimento de uma agressão contra o organismo provocada por um agente externo. Por exemplo, uma pessoa se infecta, tem uma amidalite por um estreptococo e, em seguida, se não tratada adequadamente, desenvolve uma amidalite purulenta. Essa bactéria é combatida pelos anticorpos do próprio organismo, acabando com a infecção. Porém, esses anticorpos, que deveriam combater apenas a bactéria, desenvolvem autoanticorpos, que se viram contra algumas estruturas corporais normais. No caso da estreptococcia da amidalite, contra o rim e as articulações. Essa é a origem da febre reumática e das nefrites crônicas graves por autoimunidade.

Isso é um desvio da sequência imunológica da formação dos anticorpos. Existe toda uma teoria imunológica bem complexa que mostra que é uma hiper-reação a uma reação visando à defesa, isto é, o organismo passa a agir contra si próprio. Hoje, as pesquisas têm indicado uma tendência genética em alguns casos (talvez a maior parte das doenças poderia ser classificada como autoimune). Há suspeitas de doenças autoimunes graves, como anemias graves, doenças reumatológicas, renais, hepáticas, pancreáticas e oncológicas.

O que se sabe também, e que é muito curioso, é que o desenvolvimento desses autoanticorpos pode estar associado, em maior ou menor grau, a quadros psíquicos como estresse, tensão, depressões. Então, é comum que pessoas com depressão e doenças mentais mais sérias tenham maior presença de doenças biológicas, até mesmo com uma piora de sua doença autoimune. Por exemplo, apresenta-se o quadro de um sujeito com uma asma grave, que não foi ocasionada por um processo autoimune, mas é um problema alérgico; ele foi tratado, melhorou e vai fazer vestibular. No dia do exame ele tem uma crise brutal de asma. Ou, então, ele se casa e, no dia do casamento, apresenta um rubor cutâneo com rubéola grave. Ou uma crise asmática. Essa é a definição de autoimunidade. Ela é recente na história da medicina – surgiu nos últimos 40 anos. É muito interessante essa descoberta da correspondência entre sistema imunológico e sistema de defesa.

Capelatto – O corpo produz um traidor.

Martins Filho – Ele vira-se contra si mesmo. É uma forma de autoagressão. Sem dúvida, a autoimunidade é uma autoagressão. Por exemplo, a pessoa pode contrair o vírus da imunodeficiência humana (HIV) e, inacreditavelmente, sabe o que ele ataca? As células de defesa do organismo. Sem dúvida, as doenças autoimunes são formas de autoagressão.

Capelatto – Vou contar uma história incrível sobre dois pacientes. Na história da leucemia linfóide aguda (LLA) existe um protocolo de história, sinais e sintomas – vale lembrar que a LLA não tem sintomas prévios. Surge subitamente.

Martins Filho – Aparece um sangramento, uma hemorragia e, de repente, o diagnóstico é uma LLA.

Capelatto – A LLA pode ser benigna quando descoberta no início e extremamente maligna quando já tem infiltrações. Vou contar histórias de LLAs em crianças de 5 a 12 anos, algumas das quais acompanhei pessoalmente, e uma muito triste de um menino adotivo. São crianças que foram buscar tratamento no Centro Infantil Boldrini.

O mês de janeiro é um mês de alta incidência desse problema. Por quê? Por exemplo: a família toda foi para a Disney em dezembro. Lá, não tem outro jeito: é o filho com o pai na montanha-russa e mais não sei onde; e ficam juntos, o pai sempre pegando na mão para que o filho não se perca, o contato é constante. Passados dez dias, a família volta da excursão. Cerca de um mês depois, surge na criança um pequeno sangramento, uma mancha roxa, uma febre – é uma LLA. Um caso, 10 casos, 30 casos.

Outros exemplos: a família foi para Fortaleza, ao Beach Park. E lá o filho desce pelo toboágua enroscado no pescoço do pai, eles se divertem, vivem várias aventuras juntos. Voltam todos. Trinta e cinco dias depois, LLA. Começamos a perceber uma ligação, uma semelhança entre os casos.

Está lá a família brigando, vai então para um lugar de lazer, um hotel-fazenda onde todos, como ocorre também na Disney, dormem no mesmo quarto para ficar mais barato. O filho dorme na cama com o pai, a mãe dorme com a filha menor na outra cama. Na volta... LLA.

Foi assim que começamos a notar que havia um momento em que se interrompia a mesmice do descuido e passava a ocorrer um intenso cuidado. A criança percebia que os pais tinham condições de cuidar dela. Ao voltar, queria continuar a ser cuidada.

Martins Filho – Ela procura dar vazão à sua necessidade de carinho e atenção.

Capelatto – Tenho uma lista de casos desse tipo. Atendo crianças que entraram em análise. Qual é o diferencial? Escuto coisas assim: "Tio, eles conseguem me amar, meu pai me carregou no colo"; "Minha mãe tomou banho comigo lá no Beach Park"; "Lá na Disney, meu pai me segurou na montanha-russa para eu não sentir medo". Refiro-me a crianças e adolescentes com leucemia, na faixa etária entre 10 e 15 anos, que tinham saído da internação, do estado de cuidados médicos e de enfermagem mais intensos, e estavam em um período sem quimioterapia. Também tenho contato com o Hospital do Câncer de Curitiba, onde a história é parecida. Observamos que existia uma vivência chocha e, de repente, os pais demonstram que são capazes de cuidar, têm desejo pelo filho. Surge então uma doença reumática. As leucemias são as mais visíveis e frequentes e, entre elas, a LLA, que é uma leucemia esquisita e complicada, relacionada aos linfócitos, responsáveis pela defesa do organismo.

Martins Filho – Só gostaria mais uma vez de explicitar para o leitor que você, Ivan, não está afirmando que as causas da leucemia são emocionais. Você percebeu uma ligação entre os fatos e o quadro clínico dessas crianças; eles vêm juntos. A etiologia ou as causas da leucemia são muito complexas e variáveis.

Capelatto – Estou falando de crianças que, de repente, percebem algo que poderiam ter e seu pedido vem como um vulcão, não mais na forma psíquica, mas já de forma somática.

Martins Filho – Além disso, pode ser também que – aqui entra o aspecto biológico –, nas pessoas que têm outras variáveis condicionais, esse acontecimento contribua para o desencadeamento do quadro clínico, ou mesmo seja concomitante a ele, que eventualmente elas tenham tendência, ou haja fatores genéticos etc. Em outras palavras, há toda uma complexidade, mas é muito interessante essa percepção retomada da integralização do ser. Acho que há uma curiosidade na história da medicina em relação a esse tema. Veja, podemos pensar em alguém como Freud, que era neurologista e fisiologista, que estudou o cérebro e se tornou o pai da psicanálise, criou uma escola, uma teoria da maior importância. Depois, a medicina evoluiu para um ponto em que começa, mais uma vez, a ser dissociada: o corpo, os aspectos biológicos de um lado, e a mente de outro. Agora parece que estamos voltando a privilegiar a visão integrada de corpo e mente, rediscutindo o conjunto dos cuidados essenciais ao pleno desenvolvimento do ser humano. E isso é muito bom.

A responsabilidade da educação

Martins Filho – Acho que um ponto fundamental que você aborda, Ivan, é, na verdade, a visão integral do ser humano, a capacidade de ver a criança de uma forma integrada. E, na educação da criança, começamos a envolver toda uma experiência médica e psicológica, porque, ao contrário do que se pensava antigamente, educar não é só formar conhecimento. Educar é ajudar no crescimento, no desenvolvimento dos aspectos cognitivos e participar disso.

Volto ao tema dos direitos humanos. Participei de um grupo de professores preocupado com a questão direitos humanos *versus* aprendizado: a escolaridade; a prática da progressão continuada, se isso é bom ou não. Na universidade, por exemplo, agora estão chegando os primeiros grupos de alunos que estudaram sem passar por exames ou provas. A confusão é grande, eles questionam: "Como? Fiquei aqui o ano inteiro e não vou passar?". E eu estava dizendo o seguinte: o professor trava contato com a criança a partir de determinado momento e, até pouco tempo atrás, não sabia nada sobre o desenvolvimento anterior dela. Hoje, a educação do século XXI tem por norte novos paradigmas. São paradigmas futuristas, mas ao mesmo tempo de uma realidade social muito complexa. E mais, as novas gerações terão de se basear nas experiências das gerações passadas. Lembra-se quando citei aquela frase de Unamuno – "Devemos procurar mais ser pais do nosso futuro do que filhos do nosso passado"? Pela nossa conversa, acho que ficou claro que o mal-estar da nossa época não está permitindo que assumamos, de fato, a paternidade de nosso futuro. Parece que não estamos muito interessados no que vai acontecer, queremos viver o presente. O que será da humanidade em 50 anos? Tomemos, por exemplo, o discurso do aquecimento global. Aparentemente, as pessoas concordam: "É, vai aquecer. Nossa, o mar vai subir", mas em seguida jogam lixo no chão, fazem queimadas e assim por diante.

Capelatto – Opõem resistência a levar sacola ao supermercado...

Martins Filho – Não levam sacola, preferem o plástico. As pessoas querem viver este momento: "Ah, mas isso vai acontecer daqui a 100 anos, eu nem vou estar aqui". E isso está se traduzindo também na área educacional, na formação da pessoa. Para ser até mais politicamente incorreto, o mesmo podemos observar em coisas banais: na questão do tabagismo, do alcoolismo... As pessoas não se dão conta do malefício e também não percebem – e por isso os jovens estão voltando a fumar tanto – que a doença do tabaco só vai aparecer quando tiverem 50 anos. "Eu quero viver, fumar, beber. Posso ter câncer de pulmão, e daí? Pode ser que eu morra antes assassinado, atropelado, então vou aproveitar agora." Mesmo com relação ao HIV: "Ah, mas agora tem a droga nova". Cheguei a ouvir de um médico, que teve uma relação sexual suspeita: "Ah, mas a Aids demora dez anos para aparecer, então, até daqui a dez anos...". Um médico afirmar isso! Então, não há uma urgência de preocupação com o futuro. As pessoas estão muito preocupadas com o presente e com a melhor maneira de viver este momento. Isso está se refletindo nas relações educacionais com as crianças.

Capelatto – Não há desejo, só há necessidade.

Martins Filho – O que você chama de desejo, Ivan?

Capelatto – O desejo é a pessoa poder se sentir pertencendo a algo.

Martins Filho – Mas fala-se como uma coisa que se quer no futuro.

Capelatto – No depois. Mas para chegar ao depois, tenho uma série de prazeres agora, como construir a casa, ter esse filho que vai viver um tempo e de quem vou cuidar. Não posso localizar esse filho como um prazer estático apenas no aniversário dele. Ele vai viver depois do aniversário, então o desejo é uma série de movimentos intermináveis. Como a casa que está sendo mobiliada: vou pôr o sofá agora. Mas está faltando a TV... daí vou pensar na mesa e nas cadeiras. Esses prazeres são intermináveis. Quando cessa o meu prazer no hoje, aí a doença surge.

Mas voltando um pouco à somatose, o que é a doença? A doença é a construção de um pedido: "Eu sei que eles podem cuidar, descobri que eles podem cuidar"; aí, a criança faz um pedido corpóreo para os pais cuidarem dela. E eles vêm.

Martins Filho – Respeito muito essa sua colocação, Ivan, pela competência, mas é uma definição bem psicanalítica. Biologicamente, a impressão que dá, e você tem certa razão, é que a pessoa cria as suas doenças – conceito, aliás, muito discutido: as doenças são criadas ou aparecem por outras variáveis?

Capelatto – No livro *A psicossomática na clínica lacaniana*, Jean **Guir** estuda casos de câncer de mama na França. Segundo seu relato, todos eles mostram o cenário no qual uma paciente se sentia autônoma e se cuidava, e, de repente, há um evento em que a pessoa percebe que o outro podia cuidar dela. Só que o evento acaba e aí surge o câncer, como uma espécie de pedido para ser cuidado. É o caso, por exemplo, da mulher que se casou e, quando teve um filho, sua mãe veio e começou a cuidar da casa dela e do filho – coisa que ela nunca tinha visto a mãe fazer. Quando as coisas normalizaram e a mãe foi embora, ela descobriu estar com câncer de mama. Outra jovem acabou a faculdade, arranjou um trabalho e teve que se mudar de Paris para Lyon. Sua mãe foi para lá e, nos finais de semana, começou a ajudá-la a montar a casa. Ensinou-a também a lavar e passar; ela nunca tinha visto a mãe dedicar-se dessa maneira. A mãe foi embora; um mês depois, vieram os sintomas, a dor, o caroço. O câncer é um "outro" que a pessoa constrói dentro de si com o desejo inconsciente de que esse "outro" seja *um* ou *o* objeto de cuidado. Em síntese, quero dizer que isso é um pedido corpóreo que, psicanaliticamente, tem um peso.

Martins Filho – Concordo, mas preciso deixar clara a minha posição: não pode parecer que o câncer de mama seja psicossomático. Talvez os fatores psicológicos até se relacionem à formação de um quadro desses, mas contamos também hoje com algumas variáveis muito importantes: a questão familiar, a genética, a dietética e mesmo o consumo de tabaco como desencadeadores e provocadores de muitos tipos de câncer.

Capelatto – Mas existe uma regra na psicanálise que é assim: quando o pedido verbal falha, o corpo fala. Quando o chamado pela mãe e pelo pai não é atendido, o corpo começa a falar.

Martins Filho – Sim, só estou colocando isso até por uma questão da visão médica das coisas. Concordo com você, Ivan, diante dessas coincidências, mas, evidentemente, há estudos mostrando características bem genéticas no câncer de mama. Se uma pessoa tem alguém na família com câncer de mama, ela deve se preparar porque tem grandes chances de também vir a tê-lo. E precisa fazer prevenção, exames periódicos etc.

Capelatto – Mas o gatilho pode ser esse estresse.

Martins Filho – Pode, você tem razão. Mas tem a marcação genética, tem a questão do hábito. Por exemplo, algo curiosíssimo no Brasil e que recentemente vi numa estatística durante uma entrevista: comparando a incidência de câncer de mama no Rio Grande do Sul e no Nordeste, notamos que ela parece ser maior no Rio Grande do Sul. Concorre para isso, sem dúvida, o aspecto genético, mas também uma questão dietética, um fator alimentar, já que os gaúchos comem mais carne. Isso tem sido alvo de muita discussão. Existe o aspecto da população típica: o câncer de próstata é muito mais frequente em negros do que em brancos. E por quê? É uma questão genética.

Assim, não estou negando a sua colocação, Ivan, mas creio que temos de contar com essas variáveis. Não podemos atribuir a doença a um fator apenas, até porque isso deixa as pessoas assustadas. Existem variáveis. O importante é considerar tudo isso, não só as suas colocações, mas também a percepção dos cuidados. As pessoas se assustam com o câncer e a leucemia infantil, e ficam ainda mais apavoradas quando o pediatra mostra que é mais fácil ter um câncer na infância e curá-lo do que na idade adulta (claro, dependendo do tipo de câncer), só que isso não é dito. Porque o câncer é uma doença que vai aparecendo à medida que a pessoa envelhece. E mais ainda quando ela tem a predisposição genética e as chances. Alguns cânceres são só infantis, aparecem apenas em crianças. A leucemia, por exemplo, é uma doença de gente jovem, de crianças e de adultos jovens. É raro aparecer em pessoas mais velhas. Pode até acontecer, mas é uma doença de gente jovem. E as pessoas não estão acostumadas, se assustam: "Como, uma criança com câncer?". Câncer neonatal! Vemos um recém-nascido já com câncer, ou tumores neonatais, tumores intraúteros... Isso está associado, evidentemente, a outras causas biológicas e genéticas. Obviamente, não se pode isolar a pessoa de seu meio, de seu contexto, de sua história, de sua vida, de sua psique. E, como eu tinha dito antes e aproveitando essas histórias que você contou, Ivan, quero relatar algo que me ocorreu a partir de um evento na família: uma das crianças fica doente, por exemplo; o que acontece com a outra, o que acontece com os pais, como se promove a educação dessas crianças? A criança saudável geralmente é relegada a segundo plano. Por exemplo, em famílias em que há uma criança especial, com alguma alteração psíquica ou física, ou alguma deformidade genética, ou mesmo Down, ou autismo... o que acontece com a criança "sadia"? Ela tende a sofrer agravos mais intensos, principalmente psicológicos, por causa dessa participação intensa da família que dispensa uma hiperatenção para a criança enferma; assim, sentindo-se abandonada, essa outra criança poderia raciocinar: "Poxa, se eu não ficar doente, eles não vão me dar bola" – e ela começa a adoecer para também receber a atenção que o irmão, por ser doente, tem. Às vezes ninguém percebe o que está acontecendo, e as pessoas não conseguem transmitir isso.

Capelatto – Outra reação possível é querer ficar culta e passar a se intelectualizar demais. Isso sufoca, paralisa o emocional, o que é frequente no caso de irmãos de crianças com transtornos invasivos do desenvolvimento. Eles começam a ficar adultos, a cuidar desse irmão com problemas, e vão adoecer mais tarde, às vezes não conseguindo sair de casa.

Martins Filho – Eles começam a receber cada vez mais responsabilidades, encargos cada vez mais importantes e complicados.

Quem precisa de ajuda: Os pais ou os filhos?

Martins Filho – Costumo brincar com os meus pacientes dizendo que há duas letras que se repetem e que são fundamentais para exercer uma maternidade, uma paternidade conscientes: são *PP* e *CC*, ou seja, pertinência e persistência, coerência e constância. Se os pais usarem essas quatro palavras, vão se dar conta de que estão atentos e participando intensamente da vida dos filhos. E, fundamental: a descoberta do hoje na importância da futura felicidade da criança. No fundo, o que estou dizendo é algo que aprendi com você, Ivan, sobre a definição de desejo: que os pais saibam que o hoje é fundamental para a felicidade futura que eles desejam para o filho. Pertinência e persistência, coerência e constância são realmente as características que determinam uma preocupação honesta. Não se trata de uma busca de perfeição, de querer ser o pai maravilhoso ou a mãe maravilhosa; trata-se simplesmente de descobrir, no dia a dia, que pai e mãe cuidam e são cuidados pelos filhos, que os filhos os ajudam a amadurecer e amadurecem à medida que eles estão crescendo também. Ninguém é o mesmo depois que cuidou de um filho.

Capelatto – E aí vem a questão de como se ajuda um jovem a ter responsabilidade. Existe uma máxima: "A autoestima não é uma coisa que a natureza nos dá". Um jovem aprende a ter responsabilidade quando tem autoestima, e a autoestima não passa pela estética. Portanto uma criança bonita, um jovem bonito, se não tem autoestima, começa a sentir medo porque pensa que precisa manter sua estética. Então, ele fica se olhando no espelho para ver se não cresceu uma gordurinha a mais, se não nasceu espinha. Ele entra facilmente em desespero. Uma pessoa bonita é uma pessoa desesperada, não uma pessoa com autoestima. É uma pessoa narcísica e desesperada, porque uma simples espinha no rosto de uma menina bonita é uma desgraça. Então, a autoestima é a possibilidade de cuidar e gostar de si próprio.

Como é que os pais podem ajudar os filhos, o que precisam ter em mente? Em primeiro lugar, devem saber que cuidar significa, então, invadir a vida dos filhos no bom sentido: vê-los, ficar perto deles, ouvi-los principalmente, não se assustar com o que eles falam, com o que eles pedem.

Em segundo lugar, devem saber que a criança e o adolescente que fazem pedidos ainda têm saúde mental. Uma criança ou um adolescente quieto está em risco. O adolescente chato, esse a quem as pessoas, brincando, chamam de "aborrescente", é o melhor adolescente do mundo, porque ele ainda está saudável. O adolescente que já silenciou, que começou a fazer a lição de casa sozinho ou que deixou de fazer algumas de suas coisas mais prazerosas, como sair com os amigos ou ir até o jogo, mas não conta aos pais, aquele que aparentemente começou a se virar, está doente. Deixou de pedir, deixou de se permitir ser cuidado. E o que os pais podem fazer? Mesmo no pouco tempo que têm, devem chegar em casa, lavar as mãos, comer alguma coisa e ir até eles, ficar junto deles. Se não tiverem o que conversar, que falem de si mesmos, contem como foi o dia, como estão se sentindo. O importante é ficar perto, juntos, pegar na mão, pôr no colo – ficar perto mesmo que em silêncio, sem perturbá-los com perguntas. Porque, em alguma oportunidade, o pedido vai acontecer. Não importa a idade, é importante ficarem juntos, evitando a TV ou, se possível, assistindo a ela juntos, no mesmo sofá.

Em terceiro lugar, se quiserem conversar, usem um terceiro elemento: um artigo, um programa de TV, um fato que aconteceu com o vizinho – não no sentido de comparar. Usem aquilo que mexeu com eles mesmos: "Eu estou preocupado porque soube que a filha do vizinho ficou grávida", e proponham conversar sobre esse assunto. De preferência, usem algo que não pertença ao seu aqui e agora. Não seria o momento para conselhos, mas para simplesmente refletirem juntos ou conversarem.

E, em quarto lugar, que os pais não tenham medo de falar para os filhos o não ou o sim. Mas, quando falarem o não, que seja "não" e ponto; ou "sim" e ponto. No dia seguinte, podem, se for o caso, dizer o porquê, mas nunca na hora, porque aí tem aquela história do desejo paradoxal. Quando justificamos o não ou o sim, o desejo acaba: "Por que você não quer que eu vá?". "Porque eu tenho medo". Ponto. Os pais não devem explicar os motivos que os fazem ter medo, como também não devem colocar o sim ou o não em coisas que não têm o poder de controlar, como no caso de chamar o filho para comer: "venha para a mesa" em vez de "venha comer", porque o comer pertence ao filho; ou no caso de chamar o filho para a cama: "venha para a cama" em vez de "venha dormir", pois o dormir é do filho, chamá-lo é dos pais.

Martins Filho – Agora, Ivan, uma coisa muito importante é que, quando os pais dizem isso, definindo as coisas, precisam ter certeza do que sentem. Eles não podem fazer o discurso do politicamente correto se não têm convicção da importância do que dizem. Se, no fundo, eles acham que o filho tem razão, "que o negócio é aproveitar mesmo, porque a vida é uma droga e tem que realmente viver, beber", esses pais vão se trair. Porque, no momento em que eles falarem "não" e depois tomarem outra atitude, perderão o poder de decisão.

Capelatto – Aí entra o que você chamou de *PP CC* (pertinência e persistência – coerência e constância).

Martins Filho – Isso exige também que esses pais ou as pessoas cuidadoras tenham saúde mental.

Capelatto – Que haja o desejo de cuidar.

Glossário

Amoxicilina: Antibiótico utilizado no tratamento de infecções bacterianas, como pneumonia, amidalite, sinusite etc.

Benzodiazepínicos: Drogas hipnóticas e tranquilizantes muito usadas na prática clínica para diminuir a ansiedade, moderar a excitação e acalmar o paciente. Devem ser utilizados sempre com orientação e acompanhamento profissionais.

Bullying: Termo inglês utilizado para descrever atos intencionais e repetidos de violência física ou psicológica, praticados por um indivíduo (*bully* ou "valentão") ou grupo com o objetivo de intimidar ou agredir outro indivíduo (ou grupo de indivíduos) incapaz de se defender. Em geral, essa atitude parte de alguém em situação de força ou poder para inibir a vítima.

Corneau, Guy: Terapeuta junguiano, autor, entre outras publicações, do livro *Pai ausente, filho carente*, que trata da importância da presença física e afetiva do pai na vida do filho.

Crack: Droga à base de cocaína que contém diversas outras substâncias misturadas. Gera euforia e excitação, respiração e batimentos cardíacos acelerados e, em seguida, depressão, delírio e necessidade de novas doses. O nome *crack* vem dos estouros da pedra no cachimbo. A droga, acessível às camadas mais pobres da população, tem um alto poder de dependência.

Distimia: Alteração de comportamento que leva a pessoa a viver num mau humor constante; quadro associado à depressão.

Escola de Pais do Brasil: Fundada em outubro de 1963, foi criada com o objetivo de reforçar a ideia de paternidade responsável, preparando os pais para um mundo em constante mudança, com a transmissão de conhecimento científico nas áreas médica, psicológica e pedagógica.

Eosinofilia: Diminuição, no sangue, dos leucócitos (glóbulos brancos) eosinófilos, classe de células sanguíneas que fazem parte do sistema imunológico.

Guir, Jean: Psicanalista e médico francês, estuda os fenômenos psicossomáticos. É autor de *A psicossomática na clínica lacaniana*.

Hegel, Georg Wilhelm Friedrich (1770-1831): Filósofo alemão, defendia uma concepção monista, segundo a qual, mente e realidade exterior teriam a mesma natureza. Acreditava que a história é regida por leis necessárias e que o mundo constitui um único todo orgânico.

Lexotan: Marca comercial do bromazepam, utilizado no tratamento de curto prazo da insônia, da ansiedade ou de ataques de pânico, e também no alívio dos sintomas de abstinência de álcool ou opiatos (como heroína e morfina), sob supervisão médica. Tem propriedades específicas que o indicam como medicamento ansiolítico, hipnótico, relaxante neuromusculoesquelético e sedativo.

LSD: Droga sintética que provoca sérias distorções no funcionamento cerebral; o usuário sente-se um "super-homem", tornando-se incapaz de avaliar situações de perigo. São comuns ilusões, alucinações e desorientação têmporo-espacial.

Rave: Tipo de festa que acontece em sítios, chácaras ou outros lugares ao ar livre, com música eletrônica. É evento de longa duração, normalmente acima de 12 horas, em que *DJs* e artistas plásticos, visuais e performáticos apresentam seus trabalhos, interagindo, dessa forma, com o público. Hoje em dia existe outra denominação que caracteriza a *rave* de pequeno porte, conhecida como *private* (festa privada: PVT).

Ritalina: Estimulante do grupo dos anfetamínicos. Suas principais indicações são para o tratamento do *deficit* de atenção com hiperatividade em crianças e da depressão no idoso.

Síndrome de *burnout*: Expressão da língua inglesa que caracteriza um tipo de estresse ocupacional. A pessoa se consome física e emocionalmente, resultando em exaustão e sentimento de derrota, de que não vale a pena lutar. É frequente entre profissionais que lidam com violência, sofrimento e injustiças, como assistentes sociais, professores, psicólogos, médicos e policiais.

Síndrome de Münchhausen: Doença psiquiátrica em que o paciente – de forma compulsiva, deliberada e contínua – causa, provoca ou simula sintomas de doenças, sem que haja uma vantagem óbvia para tal atitude que não seja a de obter cuidados médicos e de enfermagem. Nota-se que geralmente é uma doença adquirida pela convivência em lares nos quais a agressividade aparece como forma principal de contato físico, no lugar do afeto.

Summerhill: Escola fundada em 1921, em Dresden, na Inglaterra, por Alexander Sutherland Neill (1888-1973), educador cuja filosofia se baseava na noção de ser sem interferir nos direitos dos outros. Aos poucos foi chegando ao método que idealizou: deixar que as crianças crescessem livres emocionalmente e tivessem poder sobre suas próprias vidas. Elas se desenvolveriam naturalmente, numa infância feliz, sem medo ou pressão dos adultos. Apesar de muito criticado, o método sobrevive até hoje.

Unamuno, Miguel de (1864-1936): Escritor espanhol, autor de ensaios, poemas, romances, literatura de viagem e teatro. Sua produção literária reflete sua busca ansiosa para encontrar um sentido para a existência humana e, dessa necessidade, infere a existência divina.

Viagra: Droga de efeito vasodilatador empregada habitualmente para tratamento da disfunção erétil.

Winnicott, Donald Woods (1896-1971): Pediatra e psicanalista inglês da segunda metade do século XX.

Especificações técnicas

Fonte: Adobe Garamond Pro 12,5 p
Entrelinha: 18,3 p
Papel (miolo): Off-white 80 g/m^2
Papel (capa): Cartão 250 g/m^2